C
kurz & gut

Ulla Kirch und Peter Prinz

O'REILLY®

Ulla Kirch und Peter Prinz

Lektorat: Alexandra Follenius
Korrektorat: Sibylle Feldmann, *www.richtiger-text.de*
Satz: III-satz, *www.drei-satz.de*
Herstellung: Stefanie Weidner
Umschlaggestaltung: Michael Oréal, *www.oreal.de*
Druck und Bindung: mediaprint solutions GmbH, 33100 Paderborn

Bibliografische Information der Deutschen Nationalbibliothek
Die Deutsche Nationalbibliothek verzeichnet diese Publikation in der Deutschen Nationalbibliografie; detaillierte bibliografische Daten sind im Internet über *http://dnb.d-nb.de* abrufbar.

ISBN:
Print 978-3-96009-107-3
PDF 978-3-96010-297-7
ePub 978-3-96010-298-4
mobi 978-3-96010-299-1

2. Auflage

Wieblinger Weg 17
69123 Heidelberg

Hinweis:
Dieses Buch wurde auf PEFC-zertifiziertem Papier aus nachhaltiger Waldwirtschaft gedruckt. Der Umwelt zuliebe verzichten wir zusätzlich auf die Einschweißfolie.

PEFC zertifiziert
Das Papier für dieses Buch stammt aus nachhaltig bewirtschafteten Wäldern und kontrollierten Quellen.
PEFC/04-31-0810 www.pefc.de

Schreiben Sie uns:
Falls Sie Anregungen, Wünsche und Kommentare haben, lassen Sie es uns wissen: kommentar@oreilly.de.

5 4 3 2 1 0

Inhalt

Vorwort

Die Programmiersprache C wurde in den 70er-Jahren von Dennis Ritchie in den Bell Labs (Murray Hill, USA) entwickelt, um das Betriebssystem UNIX auf einer DEC PDP-11 zu implementieren. Die Ursprünge der Sprache C gehen auf die typenlosen Programmiersprachen BCPL (*Basic Combined Programming Language*, entwickelt von M. Richards) und B (entwickelt von K. Thomson) zurück. 1978 wurde von Brian Kernighan und Dennis Ritchie die erste allgemein zugängliche Sprachbeschreibung veröffentlicht, der sogenannte K&R-Standard.

C ist eine in hohem Maße portable Sprache, die sich an der Architektur der heutigen Rechner orientiert. Der eigentliche Sprachkern ist relativ klein und enthält nur wenige hardwareabhängige Bestandteile. So gehören zum Sprachumfang weder Anweisungen für die Ein-/Ausgabe noch Speicherverwaltungstechniken. Für diese Aufgaben stehen Funktionen in der umfangreichen C-Standardbibliothek zur Verfügung.

In der Praxis ergeben sich daraus wesentliche Vorteile:

- Portabilität auf Quellcodeebene.
- Erzeugung von effizientem Maschinencode.
- C-Compiler sind auf allen gängigen Systemen verfügbar.

Diese Referenz beschreibt im ersten Teil die Programmiersprache C und im zweiten Teil die C-Standardbibliothek. Die Sprachbeschreibung basiert auf der ISO/IEC-Norm 9899, die ursprünglich 1990 von der *International Standards Organization* verabschiedet, 1999 und 2011 wesentlich erweitert und zuletzt 2018 geringfügig geändert wurde.

Die ISO/IEC-Norm 9899 ist im Internet erhältlich unter

http://www.iso.org/standards.html

Der Standard von 1999 (ISO/IEC 9899:1999, kurz: C99) wird heute von allen gängigen C-Compilern unterstützt. Die Erweiterungen im Standard von 2011 (ISO/IEC 9899:2011, kurz: C11) und 2018 (ISO/IEC 9899:2018, kurz: C18) sind noch nicht bei allen C-Compilern implementiert und werden deshalb im Buch mit C11 bzw. C18 gekennzeichnet. Zu den Erweiterungen von C11 gehören z. B. atomare und generische Typen sowie Multithreading. In C18 wurde lediglich das Makro `__STDC_VERSION__` neu definiert, und die Fehlerbehandlung wurde verbessert.

C-Sprachbeschreibung

Grundlagen

Ein C-Programm besteht aus einzelnen »Bausteinen«, den *Funktionen*, die sich gegenseitig aufrufen.

```
/* Head.c: Das Programm gibt den Anfang einer       *
 * Textdatei auf die Standardausgabe aus.            *
 * Aufruf: Head  Dateiname                           */
#include <stdio.h>
#define  LINES  22
void showPage( FILE *);          // Prototyp
int main( int argc, char **argv)
{
    FILE *fp;        int exit_code = 0;
    if( argc != 2 )
    {
      fprintf(stderr, "Aufruf: Head Dateiname\n");
      exit_code = 1;
    }
    else if( (fp = fopen(argv[1], "r")) == NULL )
    {
      fprintf(stderr, "Fehler beim Öffnen der Datei!\n");
      exit_code = 2;
    }
    else
    {
      showPage(fp);
      fclose(fp);
    }
    return exit_code;
}
void showPage( FILE *fp)         // Eine Bildschirmseite
{                                // ausgeben.
    int  count = 0;
    char line[81];
    while(count < LINES && fgets(line, 81, fp) != NULL)
    {
      fputs(line, stdout);
      ++count;
    }
}
```

Kommentar

Präprozessordirektiven

Deklarationen

Die Funktion main()

Weitere Funktionen

Jede Funktion löst eine bestimmte Aufgabe. Sie ist entweder selbst erstellt oder eine fertige Routine aus der Standardbibliothek. Die Funktion `main()` hat eine besondere Rolle: Sie bildet das steuernde Hauptprogramm. Jede andere Funktion entspricht einem Unterprogramm.

Struktur eines C-Programms

Das obige Beispiel zeigt, wie ein C-Programm strukturiert ist. Das Programm besteht aus den Funktionen `main()` und `showPage()`. Es gibt den Anfang einer Textdatei aus, deren Name beim Starten des Programms in der Kommandozeile angegeben werden muss.

Die *Anweisungen*, aus denen die Funktionen bestehen, bilden zusammen mit den notwendigen Deklarationen und Präprozessordirektiven den *Quellcode* eines C-Programms. Dieser wird bei kleineren Programmen in eine *Quelldatei* geschrieben.

Größere C-Programme bestehen aus mehreren Quelldateien, die getrennt bearbeitet und übersetzt werden können. Dabei werden in einer Quelldatei die Funktionen zusammengefasst, die auch logisch eine Einheit bilden, wie etwa die Funktionen für die Bildschirmausgabe. Informationen, die in mehreren Quelldateien erforderlich sind, wie z.B. Deklarationen, werden in Header-Dateien gestellt. Diese können mit der `#include`-Direktive in eine Quelldatei kopiert werden.

Quelldateien haben die Endung *.c*, Header-Dateien die Endung *.h*. Eine Quelldatei zusammen mit den darin inkludierten Header-Dateien wird *Übersetzungseinheit* genannt.

Die Reihenfolge, in der Funktionen definiert werden, ist nicht vorgeschrieben. Zum Beispiel könnte die Funktion `showPage()` auch vor der Funktion `main()` stehen. Eine Funktion darf jedoch nicht innerhalb einer anderen Funktion definiert werden.

Zur Gestaltung der Quelldatei: Generell gilt, dass der Compiler jede Quelldatei sequenziell bearbeitet und den Inhalt in »Tokens« (kleinste Bestandteile) zerlegt, wie zum Beispiel Funktionsnamen und Operatoren. Tokens können durch beliebig viele Zwischenraumzeichen getrennt werden, also durch Leer-, Tabulator- oder Newline-Zeichen. Es kommt nur auf die Reihenfolge an und nicht auf ein bestimmtes Layout, wie etwa die Aufteilung in Zeilen und Spalten. Eine Ausnahme bilden die *Präprozessordirektiven*, also die Befehle, die der Präprozessor vor der Kompilierung ausführen soll. Sie beginnen mit dem Doppelkreuz # und nehmen stets eine eigene Zeile ein.

Kommentare sind Zeichenfolgen, die entweder durch /* */ eingeschlossen sind oder mit // beginnen und bis zum Zeilenende reichen. In der ersten Übersetzungsphase, in der noch kein Objektcode erzeugt wird, erfolgt die Ersetzung aller Kommentare durch *ein* Leerzeichen.

Außerdem werden die Präprozessordirektiven ausgeführt.

Zeichensätze

Der C-Standard unterscheidet zwei Zeichensätze: Der erste ist der *Quellzeichensatz*, der aus den Zeichen besteht, die in einer Quelldatei verwendet werden dürfen. Der zweite ist der *Ausführungszeichensatz*. Dieser besteht aus den Zeichen, die bei der Ausführung eines Programms interpretiert werden, wie z.B. die Zeichen eines Strings.

Beide Zeichensätze enthalten den *Basiszeichensatz*. Dieser umfasst

- die 2 × 26 Buchstaben des englischen Alphabets:
  A B C D E F G H I J K L M N O P Q R S T U V W X Y Z
  a b c d e f g h i j k l m n o p q r s t u v w x y z
- die zehn Dezimalziffern: 0 1 2 3 4 5 6 7 8 9
  (wobei der Zeichencode einer von 0 verschiedenen Dezimalziffer um eins größer ist als der Zeichencode des Vorgängers)
- die folgenden 29 Grafikzeichen:
  ! " # % & ' ( ) * + , - . / : ;
  < = > ? [\ ] ^ _ { | } ~
- die Zwischenraumzeichen:
  Leerzeichen, horizontaler und vertikaler Tab, neue Zeile, neue Seite

Der Ausführungszeichensatz enthält darüber hinaus noch folgende Zeichen:

- das Null-Zeichen `\0`, um das Ende von Strings zu markieren
- die Steuerzeichen, die durch einfache *Escape-Sequenzen* repräsentiert werden, um Ausgabegeräte wie Bildschirme oder Drucker zu steuern

Tabelle 1: Die standardisierten Escape-Sequenzen

Escape-Sequenz	Wirkung bei der Ausgabe	Escape-Sequenz	Wirkung bei der Ausgabe
`\a`	Alert (Ton)	`\'`	das Zeichen `'`
`\b`	Backspace	`\"`	das Zeichen `"`
`\f`	Form Feed	`\?`	das Zeichen `?`
`\n`	Line Feed	`\\`	das Zeichen `\`
`\r`	Carriage Return	`\o \oo \ooo` (`o` = Oktalziffer)	Zeichen mit dem entsprechenden oktalen Code
`\t` `\v`	Horizontal Tab Vertical Tab	`\xh..` (`h..` = Folge von Hex-Ziffern)	Zeichen mit dem entsprechenden hexadezimalen Code
		`\uhhhh` `\Uhhhhhhhh`	Zeichen mit diesem universellen Zeichennamen

Der numerische Wert eines Zeichens, der sogenannte *Zeichencode*, ist abhängig von der Implementierung. Im C-Standard ist lediglich festgelegt:

- Jedes Zeichen des Basiszeichensatzes wird in einem Byte gespeichert.
- Das Null-Zeichen wird in einem Byte dargestellt, in dem alle Bits den Wert `0` haben.
- Der Zeichencode jeder Dezimalziffer ist um 1 größer als der Code ihres Vorgängers.

In Kommentaren, Strings und Zeichenkonstanten können – abhängig vom jeweiligen Compiler – beliebige andere Zeichen verwendet werden, zum Beispiel das Dollarzeichen oder deutsche Umlaute. Die Nutzung dieser Zeichen kann jedoch Auswirkungen auf die

Portabilität haben. Alle verwendbaren Zeichen bilden den *erweiterten Zeichensatz* (engl. *Extended Character Set*), der stets den Basiszeichensatz umfasst.

Für die Darstellung von Zeichen des erweiterten Zeichensatzes, die zur Speicherung mehr als ein Byte erfordern, gibt es zwei Möglichkeiten:

- Der Typ `wchar_t` (engl. *Wide Character Type*) ist geeignet, alle Zeichen des erweiterten Zeichensatzes in Codes fester Breite darzustellen. `wchar_t` ist ein ganzzahliger Typ, der in den Header-Dateien *stddef.h*, *stdlib.h* und *wchar.h* definiert ist. Viele Implementierungen verwenden die Unicode-Formate UTF-16 oder UTF-32, die den standardisierten ASCII-Code umfassen und Zeichen in zwei bzw. vier Bytes darstellen.
- Multibyte-Zeichen werden in einem oder mehreren Bytes dargestellt. Dabei werden die Zeichen des Basiszeichensatzes in einem Byte gespeichert, und es ist sichergestellt, dass in keinem Multibyte-Zeichen außer dem Null-Zeichen alle Bits auf `0` gesetzt sind. Der UTF-8-Zeichensatz wurde entwickelt, um alle Unicode-Zeichen darzustellen. Er verwendet ein bis vier Bytes zur Darstellung eines Multibyte-Zeichens.

Zeichen, die nicht im Basiszeichensatz enthalten sind, können durch ihren universellen Zeichennamen (engl. *Universal Character Name*) dargestellt werden. Das ist der Unicode-Wert des Zeichens, der mit dem Präfix `\u` oder `\U` beginnt und vier bzw. acht Hexadezimalziffern besitzt.

Beispiel:

```
wchar_t pfund = L'\u00A3'     // alternativ:
                              // L'\U000000A3'
```

Universelle Zeichennamen können in Bezeichnern, Zeichenkonstanten und String-Literalen verwendet werden, um Zeichen darzustellen, die nicht im Basiszeichensatz enthalten sind. Sie werden jedoch nicht von allen Compilern unterstützt.

Der C-Standard unterstützt auch die *Trigraph-Sequenzen*. Diese erlauben es, wichtige grafische Zeichen auch auf Tastaturen einzugeben, die diese Zeichen nicht zur Verfügung stellen. Zum Beispiel kann das Zeichen | durch die Sequenz `??!` dargestellt werden.

Tabelle 2: Die Trigraph-Sequenzen

Trigraph-Sequenz	Bedeutung	Trigraph-Sequenz	Bedeutung
`??=`	#	`??<`	{
`??(`	[	`??!`	|
`??/`	\	`??>`	}
`??)`	]	`??-`	~
`??'`	^		

Bezeichner

Bezeichner (engl. *Identifier*) sind *Namen* von Variablen, Funktionen, Makros, Datentypen usw. Für die Bildung von Bezeichnern gelten die folgenden Regeln:

- Ein Bezeichner besteht aus einer Folge von Buchstaben (`A` bis `Z`, `a` bis `z`), Ziffern (`0` bis `9`), universellen Zeichennamen und Unterstrichen (_).
- Die universellen Zeichennamen müssen Buchstaben und Ziffern einer Sprache repräsentieren.
- Das erste Zeichen darf keine Ziffer sein, auch kein universeller Zeichenname, der eine Ziffer repräsentiert.
- Groß- und Kleinbuchstaben werden unterschieden.
- Ein Bezeichner kann beliebig lang sein. Signifikant sind in der Regel nur die ersten 31 Zeichen.

Schlüsselwörter sind reserviert und dürfen nicht als Bezeichner verwendet werden. Die Schlüsselwörter in alphabetischer Reihenfolge:

`auto`	`extern`	`short`	`while`
`break`	`float`	`signed`	`_Alignas`
`case`	`for`	`sizeof`	`_Alignof`
`char`	`goto`	`static`	`_Atomic`
`const`	`if`	`struct`	`_Bool`
`continue`	`inline`	`switch`	`_Complex`
`default`	`int`	`typedef`	`_Generic`
`do`	`long`	`union`	`_Imaginary`
`double`	`register`	`unsigned`	`_Noreturn`
`else`	`restrict`	`void`	`_Static_assert`
`enum`	`return`	`volatile`	`_Thread_local`

Daneben gibt es *reservierte Bezeichner*, wie z.B. Namen von Standardfunktionen oder Standardmakros, die in einem Programm nicht als Bezeichner für Variablen, Funktionen, Datentypen usw. verwendet werden dürfen. Auch Namen, die mit zwei Unterstrichen oder einem Unterstrich und einem Großbuchstaben beginnen, sind reservierte Bezeichner.

Für *externe Namen* (Bezeichner von Funktionen und Variablen mit externer Bindung) sind weitere Einschränkungen möglich, die vom jeweiligen Linker abhängen: In portablen C-Programmen sollten externe Namen so gewählt werden, dass nur die ersten acht Zeichen signifikant sind, auch wenn der Linker Groß- und Kleinbuchstaben *nicht* unterscheidet.

Beispiele für Bezeichner:

gültig: `a, DM, dm, FLOAT, _var1, topOfWindow`
ungültig: `do, 586_cpu, zähler, nl-flag, US_$`

Namensklassen und Geltungsbereiche

Jeder Bezeichner gehört zu genau einer der vier Namensklassen, nämlich:

- Namen von *Marken* (engl. *Labels*).
- Namen von Strukturen, Unions und Aufzählungen (*Tags*). Das sind Namen, die einem der Schlüsselwörter *struct*, *union* oder *enum* folgen (siehe den Abschnitt *Abgeleitete Typen* auf Seite 53).
- Namen von *Struktur-* oder *Union-Komponenten*. Jeder Struktur- oder Union-Typ hat eine separate Namensklasse für seine Komponenten.
- Alle anderen Bezeichner. Diese heißen auch *gewöhnliche Bezeichner*.

Bezeichner verschiedener Namensklassen dürfen identisch sein. So kann z.B. ein Label-Name auch gleichzeitig als Funktionsname verwendet werden. Am häufigsten werden jedoch Namensklassen im Zusammenhang mit Strukturen eingesetzt: Der gleiche Bezeichner kann als Struktur-, Komponenten- und Variablenname benutzt werden.

Beispiel: `struct person { char *person; /*...*/} person;`

Auch die Komponenten verschiedener Strukturen können gleiche Namen haben.

Jeder Bezeichner hat innerhalb der Quelldatei seinen *Geltungsbereich*. Das ist der Teil, in dem der Bezeichner verwendet werden kann. Die vier möglichen Geltungsbereiche sind:

Funktionsprototyp
: Bezeichner, die in der Parameterliste eines Prototyps stehen, haben den Geltungsbereich *Funktionsprototyp*. Dieser endet mit dem Prototyp. Solche Bezeichner haben damit nur den Charakter eines Kommentars.

Funktion
: Nur Namen von Marken (*Labels*) haben den Geltungsbereich *Funktion*. Der Geltungsbereich besteht aus dem Funktionsblock, in dem das Label definiert ist. Label-Namen müssen in einer Funktion eindeutig sein. Die goto-Anweisung führt einen Sprung zu einem Label in derselben Funktion aus.

Block
: Bezeichner, die in einem Block deklariert und keine Marken sind, haben den Geltungsbereich *Block*. Auch die Parameter in einer Funktionsdefinition haben den Geltungsbereich Block. Er beginnt mit der Deklaration und endet mit der Klammer }, die den Block schließt.

Datei
: Bezeichner, die außerhalb aller Blöcke deklariert sind und zu keinem Prototyp gehören, haben den Geltungsbereich *Datei*. Dieser beginnt mit der Deklaration des Bezeichners und reicht bis zum Ende der Quelldatei.

Ein Bezeichner, der kein Label-Name ist, muss nicht notwendigerweise in seinem ganzen Geltungsbereich *sichtbar* sein: Wird nämlich der Bezeichner mit derselben Namensklasse in einem inneren Block erneut deklariert, ist die äußere Deklaration vorübergehend verdeckt. Die äußere Deklaration wird wieder sichtbar, wenn der Geltungsbereich für die innere Deklaration endet.

Elementare Datentypen

Der *Typ* einer Variablen bestimmt, wie viel Speicher diese Variable belegt und wie das dort gespeicherte Bitmuster interpretiert wird. Entsprechend bestimmt der Typ einer Funktion, wie der Return-Wert interpretiert werden muss.

Datentypen sind entweder vordefiniert oder abgeleitet. Die vordefinierten Datentypen in C sind die *elementaren Typen* (engl. *Basic Types*) und der Typ `void`. Die elementaren Typen bestehen aus den *ganzzahligen Typen* (engl. *Integer Types*) und den *Gleitpunkttypen* (engl. *Floating Types*).

Ganzzahlige Typen

Es gibt fünf ganzzahlige Typen mit Vorzeichen, nämlich `signed char`, `short int` (kurz: `short`), `int` , `long int` (kurz: `long`) und `long long int` (kurz: `long long`). Jedem dieser Typen entspricht ein ganzzahliger Typ ohne Vorzeichen, der den gleichen Speicherplatz belegt. Den vorzeichenlosen Typ erhält man durch Voranstellen des Typspezifizierers `unsigned`, also z.B. `unsigned int`.

Die Typen `char`, `signed char` und `unsigned char` sind formal verschieden. Je nach Einstellung des Compilers ist aber `char` gleichbedeutend mit `signed char` oder mit `unsigned char`. Dagegen hat der Typspezifizierer `signed` für die Datentypen `short`, `int`, `long` und `long long` keine Bedeutung, da sie stets mit Vorzeichen interpretiert werden. So bezeichnen z.B. `short` und `signed short` denselben Datentyp.

Die Größe der ganzzahligen Typen ist nicht festgelegt. Es gilt aber folgende Reihenfolge: `char <= short <= int <= long <= long long`. Der Typ `short` ist hierbei mindestens 2 Byte, der Typ `long` mindestens 4 Byte und der Typ `long long` mindestens 8 Byte groß. Die aktuellen Wertebereiche können der Header-Datei *limits.h* entnommen werden.

Außerdem gibt es den Typ `_Bool`, der mit C99 zur Darstellung boolescher Werte eingeführt wurde. Der boolesche Wert `true` (»wahr«) wird durch `1` und `false` (»falsch«) durch `0` repräsentiert. Sofern die

Header-Datei *stdbool.h* inkludiert ist, können auch `bool` statt `_Bool` und die Bezeichner `true` und `false` verwendet werden.

Tabelle 3: Die ganzzahligen Typen mit Speicherplatz und Wertebereich

Typ	Speicherplatz	Wertebereich (dezimal)
`_Bool`	1 Byte	0 und 1
`char`	1 Byte	–128 bis 127 bzw. 0 bis 255
`unsigned char`	1 Byte	0 bis 255
`signed char`	1 Byte	–128bis 127
`int`	2 Byte oder 4 Byte	–32.768 bis 32.767 oder –2.147.483.648 bis 2.147.483.647
`unsigned int`	2 Byte oder 4 Byte	0 bis 65.535 oder 0 bis 4.294.967.295
`short`	2 Byte	–32.768 bis 32.767
`unsigned short`	2 Byte	0 bis 65.535
`long`	4 Byte	–2.147.483.648 bis 2.147.483.647
`unsigned long`	4 Byte	0 bis 4.294.967.295
`long long`	8 Byte	–9.223.372.036.854.775.808 bis 9.223.372.036.854.775.807
`unsigned long long`	8 Byte	0 bis 18.446.744.073.709.551.615

Mit C99 wurden in der Header-Datei *stdint.h* ganzzahlige Datentypen mit einer vorgegebenen Breite eingeführt. Die *Breite N* eines ganzzahligen Typs ist die Anzahl der Bits, die zur Darstellung von Werten des Typs einschließlich des Vorzeichenbits verwendet wird (i. Allg. $N = 8, 16, 32, 64$).

Tabelle 4: Ganzzahlige Typen vorgegebener Breite

Typ	Bedeutung
`intN_t`	Breite exakt *N* Bits.
`int_leastN_t`	Breite mindestens *N* Bits.
`int_fastN_t`	Schnellster Typ mit Mindestbreite von *N* Bits.
`intmax_t`	Breite maximal (größter ganzzahliger Typ).
`intptr_t`	Breit genug, um den Wert eines Zeigers zu speichern.

Beispielsweise ist `int16_t` ein `int`-Typ, dessen Breite exakt 16 Bit ist, und `int_fast32_t` ist der schnellste `int`-Typ, der mindestens 32 Bit breit ist. Die Definition dieser Typen ist für die Breiten N = 8, 16, 32 und 64 gefordert. Andere Typen, wie z.B. `int24_t`, sind optional.

Beispiel:

```
int16_t val = -10;    // Integer-Variable
                      // Breite: exakt 16 Bit
```

Zu jedem der oben angegebenen `signed`-Typen gibt es auch einen `unsigned`-Typ mit dem Präfix `u`. So ist `uintmax_t` der `unsigned-int`-Typ maximaler Breite.

Seit C11 sind in der Header-Datei *uchar.h* die Typen `char16_t` und `char32_t` für Unicode-Zeichen definiert, die in 16 Bit oder in 32 Bit dargestellt werden können. Die Typen entsprechen den Typen `uint_least16_t` bzw. `uint_least32_t`. Zeichen des Typs `char16_t` sind in Implementierungen, die das Makro `__STDC_UTF_16__` definieren, im UTF-16-Format codiert. Ist das Makro `__STDC_UTF_32__` definiert, sind Zeichen des Typs `char32_t` im UTF-32-Format codiert.

Reelle und komplexe Gleitpunkttypen

Zur Darstellung von Zahlen mit gebrochenem Anteil (= reelle Zahlen) gibt es die drei Typen `float`, `double` und `long double`. Diese drei Datentypen werden *reelle Gleitpunkttypen* genannt.

Die Größe des Speicherplatzes und die interne Darstellung sind in C nicht festgelegt; sie können also von Compiler zu Compiler verschieden sein. Üblicherweise wird jedoch der IEEE-Standard IEC 60559 für binäre Gleitpunktarithmetik verwendet (IEEE = *Institute of Electrical and Electronics Engineers*). Von dieser Darstellung wird in der nachfolgenden Tabelle ausgegangen.

Tabelle 5: Reelle Gleitpunktzahlen

Typ	Speicherplatz	Wertebereich (dezimal, ohne Vorzeichen)	Genauigkeit (dezimal)
`float`	4 Byte	1.2E-38 bis 3.4E+38	6 Stellen
`double`	8 Byte	2.3E-308 bis 1.7E+308	15 Stellen
`long double`	10 Byte	3.4E-4932 bis 1.1E+4932	19 Stellen

In der Header-Datei *float.h* sind symbolische Konstanten definiert, die alle Aspekte der verwendeten Darstellung beschreiben (siehe Teil 2, *Grenzwerte und Klassifizierung von Zahlen*).

Interne Darstellung einer reellen Gleitpunktzahl

Die Darstellung einer Gleitpunktzahl `x` beruht immer auf einer Zerlegung in ein *Vorzeichen* `v`, eine *Mantisse* `m` und einen *Exponenten* exp zur Basis 2:

$x = v * m * 2^{exp}$ mit $1.0 <= m < 2$ oder $m = 0$

Die *Genauigkeit* eines Typs wird durch die Anzahl der Bits bestimmt, die die Mantisse im Speicher belegt. Dagegen wird der *Wertebereich* durch die Anzahl der Bits für den Exponenten bestimmt.

Die Speicherbelegung im IEEE-Format für den Typ `float` (32 Bit):

	Vz	Exponent		Mantisse	
Bitposition:	**31**	**30**	**23**	**22**	**0**

Das Vorzeichenbit Vz hat für negative Zahlen den Wert `1`, sonst den Wert `0`. Die erste binäre Ziffer der Mantisse ist stets `1`. Sie wird daher nicht gespeichert. Der Exponent wird mit einer Verschiebung (Bias) gespeichert: Bei `float` beträgt das Bias 127.

Beispiel: Die Zahl $-2.5 = -1 * 1.25 * 2^1$ ist gespeichert mit:
Vz = 1, Exponent = 1+127 = 128, Mantisse = 0.25

Komplexe Gleitpunkttypen

Mit C99 wurden auch Gleitpunkttypen zur Darstellung der komplexen Zahlen und insbesondere der rein imaginären Zahlen eingeführt. Jede komplexe Zahl `z` ist in kartesischen Koordinaten wie folgt darstellbar:

```
z = x + i*y
```

wobei x und y reelle Zahlen sind und $i = \sqrt{-1}$ die *imaginäre Einheit*. Die reellen Zahlen x und y heißen *Realteil* bzw. *Imaginärteil* von z.

Daneben gibt es auch die Darstellung in *Polarkoordinaten*:

`z = r * (cos(theta) + i * sin(theta)).`

Der Winkel `theta` heißt *Argument* und die Zahl `r` *Absolutbetrag* von `z`.

In C wird eine komplexe Zahl mit dem Real- und Imaginärteil als `float`-, `double`- oder `long double`-Wert dargestellt. Entsprechend gibt es die *komplexen Gleitpunkttypen*

`float _Complex, double _Complex , long double _Complex.`

Zur Darstellung der *rein imaginären Zahlen*, d. h. der komplexen Zahlen `z = i*y`, wobei y eine reelle Zahl ist, gibt es außerdem diese Typen:

`float _Imaginary, double _Imaginary, long double _Imaginary`

Die komplexen Gleitpunkttypen sind in der Header-Datei *complex.h* definiert. Falls das Makro `__STDC_IEC_559_Complex__` definiert ist, unterstützt die Implementierung die komplexe Gleitpunktarithmetik entsprechend der Norm IEC 60559.

Die reellen und komplexen Gleitpunkttypen bilden zusammen die *Gleitpunkttypen*.

Der Typ void

Der Typspezifizierer `void` zeigt an, dass kein Wert vorhanden ist. Er wird in drei verschiedenen Situationen verwendet:

1. *Ausdrücke vom Typ void*

   Für `void`-Ausdrücke gibt es zwei Anwendungen. Zum einen werden Funktionen, die keinen Return-Wert liefern, als `void` deklariert.

   Beispiel: `void exit(int status);`

   Zum anderen kann mit der Cast-Konstruktion `(void)Ausdruck` der Wert eines Ausdrucks explizit verworfen werden.

   Beispiel: `(void)printf("Ein Beispiel");`

2. *Prototyp von Funktionen mit leerer Parameterliste*

   Beispiel: `int rand(void);`

3. *void-Zeiger*

   Zeiger vom Typ `void *` repräsentieren die Adresse eines Objekts, aber keinen Typ. Solche »typenlosen« Zeiger werden vor allem bei Funktionen verwendet, die mit unterschiedlichen Zeigertypen aufgerufen werden können.

   Beispiel:
   ```
   void *memcpy(void *ziel, void *quelle,
                size_t anzahl);
   ```

Ausrichtung von Objekten im Speicher

Objekte eines bestimmten Typs können nur an Adressen gespeichert werden, die ein bestimmtes Vielfaches einer Byte-Adresse sind. Diese Anforderung an den Typ wird *Ausrichtung* (engl. *Alignment*) genannt. Die Ausrichtung ist durch eine Ganzzahl festgelegt, die den Mindestabstand in Byte zwischen zwei Objekten desselben Typs angibt. Diese Zahl (kurz: Alignment) ist eine nicht negative Potenz von 2, jedoch abhängig von der Implementierung. Ihr Wert hat den Typ `size_t` und kann seit C11 mit dem Operator `_Alignof` bestimmt werden.

Beispiel: `_Alignof(int)   // Liefert typischerweise den Wert 4`

Ist der Operand von `_Alignof` ein Vektor fester Länge, liefert der Operator die Ausrichtung der Vektorelemente.

Die möglichen Werte für das Alignment sind ihrer Größe nach geordnet. Ein größerer Wert bedeutet ein strikteres Alignment. So ist das Alignment des Typs `long long` im Allgemeinen strikter als das Alignment für den Typ `float`.

In der Deklaration eines Objekts kann ein strikteres Alignment festgelegt werden, als durch den Typ des Objekts vorgegeben ist. Hierfür steht der Spezifizierer `_Alignas` zur Verfügung. Er erwartet als Argument einen Typnamen oder einen konstanten ganzzahligen Ausdruck, der einen zulässigen Wert für das von der Implementierung unterstützte Alignment darstellt.

Beispiel:

```
_Alignas(double) float x;   // Deklariert x mit dem
                            // Typ float und dem
                            // Alignment von double
```

Der Spezifizierer darf weder in Verbindung mit `typedef` und `register` noch in der Deklaration einer Funktion oder eines Bitfelds angegeben werden.

Nach dem Inkludieren der Header-Datei *stdalign.h* können die Makros `alignof` und `alignas` anstelle von `_Alignof` und `_Alignas` eingesetzt werden.

Konstanten

Jede Konstante ist entweder eine *ganzzahlige Konstante*, eine *Gleitpunktkonstante*, eine *Zeichenkonstante* oder ein *String-Literal*. Außerdem gibt es *Aufzählungskonstanten*, die unter Aufzählungstypen beschrieben sind. Jede Konstante hat einen Typ, der sich aus ihrem Wert und der Schreibweise ergibt.

Ganzzahlige Konstanten

Ganzzahlige Konstanten können als gewöhnliche Dezimalzahlen, Oktalzahlen oder Hexadezimalzahlen dargestellt werden:

- Eine *dezimale Konstante* (Basis 10) beginnt mit einer von `0` verschiedenen Ziffer. Beispiel: `1024`.
- Eine *oktale Konstante* (Basis 8) beginnt mit einer führenden `0`. Beispiel: `012`.
- Eine *hexadezimale Konstante* (Basis 16) beginnt mit den beiden Zeichen `0x` oder `0X`. Beispiele: `0x7f` oder `0X7f` oder `0x7F` oder `0X7F`. Die Ziffern `A` bis `F` können groß- oder kleingeschrieben werden.

Der Typ einer ganzzahligen Konstanten ist der erste in der folgenden Abstufung, der ihren Wert darstellen kann.

Für dezimale Konstanten gilt diese Abstufung:

```
int, long, long long
```

Für oktale oder hexadezimale Konstanten gilt diese Abstufung:

```
int, unsigned int, long, unsigned long,
long long, unsigned long long
```

Ganzzahlige Konstanten haben also in der Regel den Typ `int`. Der Typ kann auch direkt durch die Suffixe `L` oder `l` (für `long`), `LL` oder `ll` (für `long long`) bzw. `U` oder `u` (für `unsigned`) beeinflusst werden.

Tabelle 6: Beispiele für ganzzahlige Konstanten

Dezimal	Oktal	Hexadezimal	Datentyp
15	017	0xf	int
32767	077777	0x7FFF	int
10U	012U	0xAU	unsigned int
32768U	0100000U	0x8000u	unsigned int
16L	020L	0x10L	long
27UL	033ul	0x1BUL	unsigned long

Zur Darstellung von *Konstanten* eines ganzzahligen Typs maximaler Breite oder mit einer Mindestbreite *N* (i.Allg. = 8, 16, 32, 64) sind in der Header-Datei *stdint.h* folgende Makros definiert. Jedes Makro erwartet eine konstante Ganzzahl als Argument und gibt denselben Wert mit dem entsprechenden Typ zurück:

Tabelle 7: Makros für ganzzahlige Konstanten minimaler oder maximaler Breite

Makro	Return-Typ	Makro	Return-Typ
INTMAX_C()	intmax_t	INT*N*_C()	int_least*N*_t
UINTMAX_C()	uintmax_t	UINT*N*_C()	uint_least*N*_t

Gleitpunktkonstanten

Eine Gleitpunktkonstante wird als eine Folge von Dezimalziffern mit einem Dezimalpunkt dargestellt. Auch die Exponentenschreibweise ist möglich.

Beispiele:

```
41.9
5.67E-3   //  Die Zahl  5.67*10-3
```

Für `E` darf auch `e` geschrieben werden. Zur Unterscheidung von Gleitpunktkonstanten und ganzzahligen Konstanten ist stets der Dezimalpunkt oder die Angabe von `E` oder `e` notwendig.

C99 hat hexadezimale Gleitpunktkonstanten mit einem Exponenten zur Basis 2 eingeführt. Eine solche Konstante beginnt mit dem Präfix `0x` oder `0X`. Dem Exponenten wird der Buchstabe `P` oder `p` vorangestellt.

Beispiel:

```
0x0.0fP+12 // Die dezimale Zahl (15/256)*2^12
           // oder die hexadezimale Zahl 0xf0
```

Der Exponent muss angegeben werden und ist eine Dezimalzahl, die ein Vorzeichen haben kann.

Eine Gleitpunktkonstante besitzt den Typ `double`, wenn kein Suffix angegeben wurde. Durch das Suffix `F` oder `f` bekommt die Konstante den Typ `float`, durch das Suffix `L` oder `l` den Typ `long double`. So haben die Konstanten im obigen Beispiel den Typ `double`, `12.34F` den Typ `float` und `12.34L` den Typ `long double`.

Jede der folgenden Konstanten hat den Typ `double`. Die Konstanten einer Zeile stellen jeweils denselben Wert dar:

5.19	0.519E1	0.0519e+2	519E-2
12.	12.0	.12E2	12e0
370000.0	37e+4	3.7E+5	0.37e6
0.000004	4E-6	0.4e-5	.4E-5

Zeichenkonstanten und String-Literale

Eine *Zeichenkonstante* besteht aus einem oder mehreren Zeichen, eingeschlossen in einfachen Hochkommata.

Beispiele: `'0'` `'A'` `'ab'`

Zeichenkonstanten haben den Typ `int`. Der Wert einer Zeichenkonstanten, die *ein* Zeichen enthält, ist der Zeichencode, durch den das Zeichen repräsentiert wird. Beispielsweise besitzt im ASCII-

Code die Konstante '0' den Wert 48, und die Konstante 'A' besitzt den Wert 65.

Der Wert einer Zeichenkonstanten, die mehr als ein Zeichen enthält, ist maschinenabhängig. Im Hinblick auf die Portabilität von Programmen sollten Zeichenkonstanten mit mehr als einem Zeichen vermieden werden.

In Zeichenkonstanten dürfen Escape-Sequenzen verwendet werden, zum Beispiel '\n'. Auf diese Weise können insbesondere auch die Zeichen ' und \ dargestellt werden.

Eine Zeichenkonstante erhält den Typ wchar_t durch das Präfix L.

Beispiel: `L'A'` `L'\x123'`

Mit dem Präfix u oder U erhält eine Zeichenkonstante den Typ char16_t bzw. char32_t.

Ein *String-Literal* besteht aus einer Folge von Zeichen und Escape-Sequenzen, die in doppelten Hochkommata eingeschlossen sind.

Beispiel: `"Ich bin ein String!\n"`

Ein String-Literal wird intern als char-Vektor (siehe den Abschnitt *Abgeleitete Typen* auf Seite 53) mit dem String-Endezeichen \0 gespeichert. Er ist daher ein Byte länger als die angegebene Zeichenfolge. Der leere String belegt genau ein Byte. Ein String-Literal heißt auch *String-Konstante*. Das Verhalten des Programms ist undefiniert, falls versucht wird, ein String-Literal zu verändern.

Das String-Literal "Hallo!" wird beispielsweise folgendermaßen als char-Vektor im Speicher abgelegt:

in Speicher abgelegt als char-Vektor	'H'	'a'	'l'	'l'	'o'	'!'	'\0'

String-Literale, die nur durch Zwischenraumzeichen getrennt sind, werden zu *einem* String zusammengezogen. Beispielsweise ist "hello " "world!" äquivalent zu "hello world!".

Da auch *Line Feed* ein Zwischenraumzeichen ist, hat man so eine einfache Möglichkeit, ein langes String-Literal in der nächsten Zeile fortzusetzen.

Es ist auch möglich, ein sogenanntes *wide-String-Literal* als Vektor mit Elementen vom Typ `wchar_t` zu definieren. Hierfür wird wieder das Präfix `L` verwendet:

Beispiel: `L"Ich bin ein wchar_t-String!"` .

Mit dem Präfix `u` oder `U` erhalten die Elemente eines wide-String-Literals den Typ `char16_t` bzw. `char 32_t`.

Beispiel: `u"Ich bin ein char16_t-String!";`

Mit dem Präfix `u8` werden Multibyte-String-Literale definiert, deren Multibyte-Zeichen gemäß dem UTF-8-Zeichensatz codiert sind.

Beispiel: `u8"Ich bin ein Multibyte-String!";`

Ausdrücke und Operatoren

Ein *Ausdruck* ist eine Kombination aus Operatoren und Operanden. Im einfachsten Fall besteht ein Ausdruck nur aus einer Konstanten, einer Variablen oder einem Funktionsaufruf. Ausdrücke können als Operanden von Operatoren zu komplexeren Ausdrücken verknüpft werden.

Jeder Ausdruck hat einen Typ und, sofern der Typ nicht `void` ist, einen Wert.

Beispiele:

```
4 * 512                              // Typ: int
printf("Ein Beispiel!\n")            // Typ: int
1.0 + sin(x)                         // Typ: double
srand( (unsigned)time(NULL))         // Typ: void
(int*)malloc(anzahl*sizeof(int))     // Typ: int *
```

In Ausdrücken mit mehr als einem Operator bestimmt der *Vorrang* (Priorität) der Operatoren die Zuordnung der Operanden zu den Operatoren. Beispielsweise haben die arithmetischen Operatoren `*`, `/`, `%` eine höhere Priorität als `+` und `-`, d.h., in arithmetischen Ausdrücken gelten die üblichen Rechenregeln.

Beispiel: `4 + 6 * 512    // äquivalent mit 4 + (6 * 512)`

Soll eine andere Zuordnung gelten, müssen Klammern gesetzt werden:

Beispiel: `(4 + 6) * 512`

Tabelle 8: Vorrangtabelle für Operatoren

<table>
<tr><th>Priorität</th><th>Operator</th><th>Zusammenfassung</th></tr>
<tr><td>1.</td><td>Postfix-Operatoren:
() [] -> . ++ -- (Datentyp){Liste}</td><td>von links</td></tr>
<tr><td>2.</td><td>Unäre Operatoren:
! ~ + - ++ -- * &
sizeof _Alignof</td><td>von rechts</td></tr>
<tr><td>3.</td><td>Cast-Operator: (Datentyp)</td><td>von rechts</td></tr>
<tr><td>4.</td><td>Binäre Operatoren: * / %</td><td>von links</td></tr>
<tr><td>5.</td><td>Binäre Operatoren: + -</td><td>von links</td></tr>
<tr><td>6.</td><td><< >></td><td>von links</td></tr>
<tr><td>7.</td><td>< <= > >=</td><td>von links</td></tr>
<tr><td>8.</td><td>== !=</td><td>von links</td></tr>
<tr><td>9.</td><td>&</td><td>von links</td></tr>
<tr><td>10.</td><td>^</td><td>von links</td></tr>
<tr><td>11.</td><td>|</td><td>von links</td></tr>
<tr><td>12.</td><td>&&</td><td>von links</td></tr>
<tr><td>13.</td><td>||</td><td>von links</td></tr>
<tr><td>14.</td><td>?:</td><td>von rechts</td></tr>
<tr><td>15.</td><td>= += -= *= /= %=
&= ^= |= <<= >>=</td><td>von rechts</td></tr>
<tr><td>16.</td><td>,</td><td>von links</td></tr>
</table>

Haben zwei Operatoren den gleichen Vorrang, wird gemäß der dritten Spalte der Vorrangtabelle zusammengefasst.

Beispiel: `2 * 5 / 3    // äquivalent mit  (2 * 5) / 3`

Man unterscheidet *unäre* und *binäre* Operatoren: Ein unärer Operator besitzt einen Operanden, ein binärer Operator zwei. Diese Unterscheidung ist aus zwei Gründen von Bedeutung:

- Alle unären Operatoren haben dieselbe Priorität.
- Die vier Zeichen -, +, *, & repräsentieren je nach Anzahl der Operanden unäre bzw. binäre Operatoren.

Außerdem gibt es in C einen ternären Operator: Der Auswahloperator ?: besitzt drei Operanden.

Auf den nächsten Seiten werden die einzelnen Operatoren kurz beschrieben. Sofern dabei nicht ausdrücklich angegeben wird, in welcher Reihenfolge die Operanden bewertet werden, ist die Reihenfolge nicht festgelegt.

Beispiel:

```
f1() + f2() // Welche der beiden Funktionen zuerst
            // aufgerufen wird, ist nicht
            // festgelegt.
```

Arithmetische Operatoren

Tabelle 9: Die arithmetischen Operatoren

Operator	Bedeutung	Beispiel	Ergebnis
*	Multiplikation	x * y	Produkt von x und y
/	Division	x / y	Quotient aus x und y
%	Modulodivision	x % y	Rest bei der Division x/y
+	Addition	x + y	Summe von x und y
-	Subtraktion	x - y	Differenz von x und y
+ (unär)	Plusvorzeichen	+x	Wert von x
- (unär)	Minusvorzeichen	-x	arithmetische Negation von x
++	Inkrement	++x x++	x wird inkrementiert (x=x+1), und zwar bei ++x *vor*, bei x++ *nach* der Verwendung von x
--	Dekrement	--x x--	x wird dekrementiert (x=x-1), und zwar bei --x *vor*, bei x-- *nach* der Verwendung von x

Die Operanden arithmetischer Operatoren dürfen einen beliebigen arithmetischen Typ haben. Nur die Operanden des %-Operators müssen ganzzahlig sein.

Auf die Operanden werden die üblichen arithmetischen Typumwandlungen angewendet. So ist z.B. `3.0/2` äquivalent zu `3.0/2.0`. Das Ergebnis hat den Typ der Operanden nach der Typumwandlung.

Bei der Division mit ganzzahligen Operanden ist zu beachten, dass das Ergebnis wieder ganzzahlig ist!

Beispiel:

```
6 / 4        // Ergebnis: 1
6 % 4        // Ergebnis: 2
6.0 / 4.0    // Ergebnis: 1.5
```

Haben bei einer Multiplikation oder Division beide Operanden dasselbe Vorzeichen, ist das Ergebnis positiv, andernfalls negativ. Das Ergebnis der Modulodivision hat jedoch stets das Vorzeichen des linken Operanden. So liefert der Ausdruck `8 % (-3)` den Wert `2`.

Der Inkrement-Operator `++` (und analog der Dekrement-Operator `--`) kann sowohl vor als auch nach seinem Operanden stehen. Ist `x` eine Variable, wird `x` sowohl durch `++x` (*Präfix-Notation*) als auch durch `x++` (*Postfix-Notation*) inkrementiert, d. h. um 1 erhöht. Die Ausdrücke repräsentieren aber einen unterschiedlichen Wert: Der Ausdruck `++x` hat den um 1 erhöhten Wert von `x`, der Ausdruck `x++` den ursprünglichen Wert von `x`.

Da die Operatoren `++` und `--` auch eine Zuweisung beinhalten, muss der Operand ein L-Wert sein, d.h. ein Ausdruck, der ein Objekt bezeichnet, z.B. eine Variable. Der Operand darf keinen komplexen Gleitpunkttyp haben.

Die Operatoren `++`, `--`, `+` (Addition) und `-` (Subtraktion) können auch auf Zeiger angewendet werden. Zu Zeigern und zur Zeigerarithmetik gibt es mehr im Abschnitt *Abgeleitete Typen* auf Seite 53.

Zuweisungsoperatoren

Es gibt die *einfache* und die *zusammengesetzte* Zuweisung:

Tabelle 10: Zuweisungsoperatoren

Operator	Bedeutung	Beispiel	Ergebnis
`=`	einfache Zuweisung	`x = y`	An x den Wert von y zuweisen.
`op=`	zusammengesetzte Zuweisung	`x += y`	`x op= y` ist äquivalent zu `x = x op (y)` (op ist ein binärer, arithmetischer oder Bit-Operator).

In einer Zuweisung muss der linke Operand ein L-Wert sein, d.h. ein Ausdruck, der ein Objekt bezeichnet. Dieses Objekt erhält einen neuen Wert.

Variablennamen sind die einfachsten Beispiele für L-Werte. Im Fall einer Zeigervariablen `ptr` sind sowohl `ptr` als auch `*ptr` L-Werte. Dagegen sind Konstanten oder Ausdrücke wie `x+1` keine L-Werte.

In einer *einfachen Zuweisung* (=) sind folgende Operanden zulässig:

- Beide Operanden haben einen arithmetischen Typ.
- Beide Operanden haben denselben Struktur- oder Union-Typ.
- Der linke Operand hat den Typ `_Bool`, und der rechte Operand ist ein Zeiger.
- Der linke Operand ist ein Zeiger, und der rechte Operand ist die Konstante `NULL`.
- Beide Operanden sind Zeiger auf denselben Typ, oder der linke Operand ist ein Zeiger auf denselben Typ, der mit zusätzlichen Qualifizierern (z.B. `const`) versehen ist.
- Ein Operand ist ein Objektzeiger, und der andere ist ein `void`-Zeiger.

Haben die beiden Operanden einen unterschiedlichen Typ, wird der Wert des rechten Operanden in den Typ des linken Operanden umgewandelt.

Ein *Zuweisungsausdruck* hat den Typ und den Wert des linken Operanden nach der Zuweisung. Zuweisungen werden von rechts aus zusammengefasst.

Beispiel:

```
a = b = 100; // äquivalent mit a = (b = 100);
             // 100 wird an b und a zugewiesen
```

Eine *zusammengesetzte Zuweisung* hat die Form `x op= y`, wobei `op` ein binärer arithmetischer Operator oder ein binärer Bit-Operator ist. An `x` wird der Wert von `x op (y)` zugewiesen.

Beispiel:

```
a *= b+1;    // äquivalent mit a = a * (b+1);
```

In einer zusammengesetzten Zuweisung `x op= y` wird der Ausdruck `x` nur einmal bewertet. Sonst ist `x op= y` äquivalent zu `x = x op (y)`.

Vergleichsoperatoren und logische Operatoren

Jeder *Vergleich* ist ein Ausdruck vom Typ `int`, der entweder den Wert `1` oder `0` besitzt. Dabei bedeutet `1` »wahr« und `0` »falsch«.

Tabelle 11: Die Vergleichsoperatoren

Operator	Bedeutung	Beispiel	Ergebnis 1 (wahr) oder 0 (falsch)
`<`	kleiner	`x < y`	1, falls x kleiner als y
`<=`	kleiner gleich	`x <= y`	1, falls x kleiner oder gleich y
`>`	größer	`x > y`	1, falls x größer als y
`>=`	größer gleich	`x >= y`	1, falls x größer oder gleich y
`==`	gleich	`x == y`	1, falls x gleich y
`!=`	ungleich	`x != y`	1, falls x ungleich y; in anderen Fällen ist das Ergebnis 0

Für alle Vergleichsoperatoren sind folgende Operanden zulässig:

- Beide Operanden haben einen reellen arithmetischen Typ. Es werden die üblichen arithmetischen Typumwandlungen angewendet.
- Beide Operanden sind Zeiger auf Objekte desselben Typs. Verschiedene Typqualifizierer der Operanden sind zulässig.

Zwei Zeiger sind gleich, wenn sie auf dieselbe Adresse im Speicher verweisen oder wenn beide Zeiger Null-Zeiger sind. Werden zwei Objektzeiger verglichen, ist das Ergebnis abhängig von der relativen Adresse der Objekte im Speicher. Bei einem Vektor ist ein Zeiger auf ein Vektorelement mit einem kleineren Index kleiner als ein Zeiger auf ein Vektorelement mit einem größeren Index.

Beispiel:

```
int cmp, *p1, *p2;
. . .
cmp = p1 < p2;  // cmp = 1; falls p1 kleiner p2,
                // cmp = 0; sonstige.
```

Mit den Operatoren `==` und `!=` sind zusätzlich auch folgende Operanden zulässig:

- Beide Operanden dürfen einen komplexen Typ haben. Zwei komplexe Zahlen sind gleich, wenn ihre Real- und Imaginärteile gleich sind.
- Beide Operanden sind Funktionszeiger gleichen Typs.
- Ein Operand ist ein Objektzeiger, und der andere ist ein `void`-Zeiger (typenloser Zeiger). Der Operand, der kein `void`-Zeiger ist, wird für den Vergleich in einen `void`-Zeiger umgewandelt.
- Ein Operand ist ein Zeiger, und der andere ist eine Null-Zeiger-Konstante. Die Konstante wird für den Vergleich in den Typ des Zeigers gecastet.

Tabelle 12: Die logischen Operatoren

Operator	Bedeutung	Beispiel	Ergebnis: 1 (wahr) oder 0 (falsch)
&&	logisches UND	x && y	1, falls x und y ungleich 0
||	logisches ODER	x || y	1, falls x oder y oder beide ungleich 0
!	logisches NICHT	!x	1, falls x gleich 0 In anderen Fällen ist das Ergebnis 0.

Die Operanden der logischen Operatoren dürfen einen beliebigen skalaren Typ haben. Jeder von `0` verschiedene Wert gilt dabei als »wahr«, `0` als »falsch«.

Wie ein Vergleichsausdruck liefert ein logischer Ausdruck das Ergebnis »wahr« oder »falsch«, also den `int`-Wert `1` oder `0`.

Beispiel:

```
!x || y  //  "(nicht x) oder y" ergibt 1 (wahr),
         //  falls x == 0 oder y != 0
```

Die Operatoren && und || bewerten zuerst ihren linken Operanden. Steht dann das Ergebnis schon fest (d.h., der linke Operand von && ist 0 bzw. der von || ist ungleich 0), wird der rechte Operand nicht mehr bewertet.

Beispiel: `i < max && scanf("%d", &x) == 1`

In diesem logischen Ausdruck wird die Funktion `scanf()` nur dann aufgerufen, wenn `i` kleiner als `max` ist.

Bit-Operatoren

Es gibt sechs Bit-Operatoren. Bei allen müssen die Operanden ganzzahlig sein.

Tabelle 13: Die Bit-Operatoren

Operator	Bedeutung	Beispiel	Ergebnis (für jede Bit-Position)
&	bitweises UND	x & y	1, falls in x und y eine 1
|	bitweises ODER	x | y	1, falls in x oder in y oder in beiden eine 1
^	bitweises Exklusiv-ODER	x ^ y	1, falls entweder in x oder in y eine 1
~	bitweises NICHT	~x	1, falls in x eine 0
<<	Links-Shift	x << y	x wird um y Bit-Positionen nach links verschoben
>>	Rechts-Shift	x >> y	x wird um y Bit-Positionen nach rechts verschoben

Die *logischen Bit-Operatoren*, also

```
& (UND), | (ODER), ^ (Exklusiv-ODER), ~ (NICHT),
```

interpretieren ihre Operanden bitweise: Ein gesetztes Bit, also 1, bedeutet »wahr«, ein gelöschtes Bit, also 0, »falsch«. So ist im Ergebnis von `z = x & y;` ein Bit genau dann gesetzt, wenn das entsprechende Bit in `x` und `y` gesetzt ist. Es werden die üblichen arithmetischen Typumwandlungen vorgenommen.

Die *Shift-Operatoren* << und >> verschieben das Bitmuster ihres linken Operanden um so viele Bit-Positionen, wie der rechte Operand angibt.

Beispiele:

```
int  x = 0xF, ergebnis;
ergebnis = x << 4;   // Ergebnis: 0xF0
ergebnis = x >> 2;   // Ergebnis: 0x3
```

Beim Links-Shift << werden von rechts stets `0`-Bits nachgeschoben. Die links herausgeschobenen Bits gehen verloren.

Beim Rechts-Shift >> werden von links `0`-Bits nachgeschoben, falls der linke Operand einen `unsigned`-Typ hat. Andernfalls hängt es vom Compiler ab, ob links mit `0`-Bits (*logischer Shift*) oder mit dem Vorzeichenbit (*arithmetischer Shift*) aufgefüllt wird.

Bei jedem Operanden wird zunächst die Ganzzahlerweiterung durchgeführt. Der Wert des rechten Operanden darf nicht negativ sein und muss kleiner als die Breite des linken Operanden nach der Ganzzahlerweiterung sein. Das Ergebnis hat den Typ des linken Operanden nach der Ganzzahlerweiterung.

Operatoren für den Speicherzugriff

Mit den folgenden Operatoren wird auf Objekte im Speicher zugegriffen. Die hier verwendeten Begriffe, wie Zeiger, Vektor, Struktur usw., werden im Abschnitt *Abgeleitete Typen* auf Seite 53 vorgestellt.

Tabelle 14: Operatoren für den Speicherzugriff

Operator	Bedeutung	Beispiel	Ergebnis
`&`	Adresse von	`&x`	konstanter Zeiger auf `x`
`*`	Verweisoperator	`*p`	Objekt (oder Funktion), auf das (die) `p` zeigt
`[]`	Vektorelement	`x[i]`	`*(x+i)`: im Vektor `x` das Element mit dem Index `i`
`.`	Auswahl einer Struktur- oder Union-Komponente	`s.x`	Komponente `x` in der Struktur oder Union `s`
`->`		`p->x`	Komponente `x` der Struktur oder Union, auf die `p` zeigt

Der Operand des *Adressoperators* & muss ein Ausdruck sein, der eine Funktion oder ein Objekt bezeichnet. Der Adressoperator & liefert die Adresse seines Operanden: Ein Ausdruck der Form &x ist also ein Zeiger auf x. Der Operand von & darf kein Bitfeld sein. Auch eine Variable, die mit dem Speicherklassenspezifizierer register deklariert wurde, ist nicht zulässig.

Der *Verweisoperator* * wird benutzt, um mit einem Zeiger auf Daten oder eine Funktion zuzugreifen. Ist ptr ein Zeiger, der auf ein Objekt (oder eine Funktion) zeigt, so ist *ptr das Objekt (bzw. die Funktion), worauf ptr zeigt.

Beispiel:

```
int  a, *pa;    // int-Variable und int-Zeiger
pa  = &a;       // pa auf a zeigen lassen
*pa = 123;      // äquivalent mit  a = 123;
```

Auf die Elemente eines Vektors kann mit dem *Subskriptoperator* [] zugegriffen werden: Ist v ein Vektor und i eine ganze Zahl, so ist v[i] das i-te Vektorelement. Allgemeiner gilt: Einer der beiden Operanden des Operators [] muss ein Objektzeiger sein (z.B. ein Vektorname), der andere ganzzahlig. Ein Ausdruck der Form x[i] ist äquivalent zu (*(x + (i))).

Beispiel:

```
float v[10], *pv; // ein Vektor und ein Zeiger
pv = v;           // pv auf v[0] zeigen lassen
```

Da pv auf v[0] zeigt, ist pv[3] äquivalent zu v[3] oder *(v+3).

Die Operatoren . und -> wählen eine Struktur- oder Union-Komponente aus. Der linke Operand des Punktoperators muss einen Struktur- oder Union-Typ haben. Beim Pfeiloperator ist der linke Operand ein Zeiger auf eine Struktur oder Union. Der rechte Operand ist stets der Name einer Komponente. Das Ergebnis hat den Typ und den Wert der ausgewählten Komponente.

Ist p ein Zeiger auf eine Struktur oder Union und x der Name einer Komponente, so ist p->x äquivalent zu (*p).x, nämlich die Komponente x der Struktur (bzw. Union), auf die p zeigt.

Die Operatoren . und -> haben wie [] die höchste Priorität, sodass beispielsweise der Ausdruck ++p->x äquivalent zu ++(p->x) ist.

Sonstige Operatoren

Diese Operatoren fallen nicht in die bisher beschriebenen Gruppen.

Tabelle 15: Sonstige Operatoren

Operator	Bedeutung	Beispiel	Ergebnis
`()`	Funktionsaufruf	`pow(x,y)`	Aufruf einer Funktion
`(`*Typ*`)`	explizite Typumwandlung (Cast)	`(long)x`	Wert von `x` mit dem in Klammern angegebenen Typ
`sizeof`	Größe in Byte	`sizeof(x)`	Anzahl Bytes, die `x` belegt
`_Alignof`	Ausrichtung eines Typs im Speicher	`_Alignof(int)`	minimaler Abstand zwischen zwei Objekten des Typs im Speicher
`(`*Typ*`)` `{`*Liste*`}`	zusammengesetztes Literal	`(float [])` `{-1.1, 0.0, +1.1}`	namenloses Objekt des angegebenen Typs mit den Werten aus der Liste
`?:`	bedingte Bewertung	`x?y:z`	`y`, falls `x` ungleich `0`, sonst `z`
`,`	Sequenzoperator	`x,y`	zuerst `x`, dann `y` auswerten

Ein *Funktionsaufruf* besteht aus einem Zeiger auf eine Funktion (z.B. ein Funktionsname), gefolgt von den Klammern `()`, die die Argumentliste enthalten. Die Argumentliste kann leer sein.

Der *Cast-Operator* kann nur auf einen Operanden mit skalarem Typ angewendet werden. Ein Ausdruck der Form `(typ)x` hat den Wert des Operanden `x` und den in Klammern angegebenen Typ.

Der Operand des *`sizeof`-Operators* ist entweder ein Typname in Klammern oder ein beliebiger Ausdruck, der keinen Funktionstyp hat. Der `sizeof`-Operator liefert die Anzahl Bytes, die ein Objekt mit dem angegebenen Typ bzw. dem Typ des Ausdrucks benötigt. Das Ergebnis ist eine Konstante vom Typ `size_t`.

Der *Operator `_Alignof`* liefert die *Ausrichtung* (engl. *Alignment*) des angegebenen Typs als Ganzzahl vom Typ `size_t` (siehe den Abschnitt *Ausrichtung von Objekten im Speicher* auf Seite 20). Der Operator `_Alignof` ist nur auf vollständige Objekttypen anwendbar, nicht auf Funktionstypen. Das Ergebnis ist stets eine nicht negative Potenz von 2, jedoch abhängig von der Implementierung. Die Ausrichtung der elementaren Typen und Zeigertypen ist kleiner oder gleich der Ausrichtung des Typs `max_align_t`. Dieser Typ ist in der Header-Datei *stddef.h* definiert.

Ein *zusammengesetztes Literal* (engl. *Compound Literal*) ist ein namenloses Objekt mit Werten, die in einer Initialisierungsliste angegeben sind.

Beispiel: `double* ptr = (double[]){1.0, 2.0, 3.0};`

Hier wird ein Zeiger auf einen namenlosen Vektor mit drei Werten vom Typ `double` vereinbart. Wenn ein zusammengesetztes Literal außerhalb von allen Funktionen definiert ist, müssen die Initialisierungswerte konstante Ausdrücke sein. Die Lebensdauer des namenlosen Objekts ist dann statisch. Andernfalls ist die Lebensdauer auf den Block beschränkt, in dem das Objekt definiert ist.

Typischerweise werden zusammengesetzte Literale eingesetzt, um Vektoren oder Strukturen zu erzeugen. Im Unterschied zu einem Cast-Ausdruck, der einen skalaren Typ oder den Typ `void` hat, ist ein zusammengesetztes Literal ein L-Wert.

Der *Auswahloperator* `?:` bildet eine bedingte Bewertung: In einem Ausdruck der Form `x?y:z` wird zunächst der erste Operand `x` bewertet. Ist dieser ungleich `0` (d.h. »wahr«), wird der zweite Operand `y` bewertet, und das Ergebnis ist der Wert von `y`. Ist dagegen `x` gleich `0` (d.h. »falsch«), wird der dritte Operand `z` bewertet, und das Ergebnis ist der Wert von `z`.

Der erste Operand kann einen beliebigen skalaren Typ haben. Der zweite und der dritte Operand haben den gleichen Typ, oder es wird eine Typanpassung vorgenommen. Der gemeinsame Typ ist der Typ des Ergebnisses. Es sind folgende Typen für den zweiten und dritten Operanden zulässig:

- Beide Operanden haben einen arithmetischen Typ.

- Beide Operanden haben einen gemeinsamen Struktur- oder Union-Typ oder den Typ `void`.
- Beide Operanden sind Zeiger. Diese haben entweder den gleichen Typ, oder ein Operand ist die Konstante `NULL`. Ist ein Operand ein Objektzeiger, darf der andere vom Typ `void *` sein.

Der *Sequenzoperator* , (ein Komma) besitzt zwei Operanden: Zuerst wird der linke Operand bewertet, dann der rechte. Das Ergebnis hat den Typ und den Wert des rechten Operanden. Ein Komma in einer Liste (z.B. Initialisierungsliste oder Argumentliste) ist kein Operator, sondern nur ein Trennzeichen.

Alternative Schreibweisen für Operatoren

Die Header-Datei *iso646.h* definiert symbolische Konstanten, die alternativ zu den entsprechenden Operatoren benutzt werden können.

Tabelle 16: Symbolische Konstanten für Operatoren

Konstante	Bedeutung	Konstante	Bedeutung	Konstante	Bedeutung
`and`	`&&`	`bitand`	`&`	`and_eq`	`&=`
`or`	`||`	`bitor`	`|`	`or_eq`	`|=`
`not`	`!`	`xor`	`^`	`xor_eq`	`^=`
		`compl`	`~`	`not_eq`	`!=`

Typumwandlungen

Eine Typumwandlung bewirkt, dass der Wert eines Ausdrucks einen neuen Typ erhält. Dies ist nur für skalare Typen möglich, also für arithmetische Typen und Zeiger.

Eine Typumwandlung wird stets so durchgeführt, dass der Wert erhalten bleibt, sofern der Wert mit dem neuen Typ darstellbar ist. Bei Gleitpunktzahlen wird gegebenenfalls gerundet, z.B. bei der Umwandlung von `double` in `float`.

Eine Typumwandlung kann *implizit* sein, d.h., sie wird vom Compiler automatisch vorgenommen, oder *explizit*, d.h., sie wird durch die Anwendung des Cast-Operators erzwungen. Es ist guter Programmierstil, bei einer notwendigen Typanpassung diese explizit mit dem Cast-Operator durchzuführen. Dadurch wird die Typumwandlung sichtbar und eine Warnung des Compilers vermieden.

Ganzzahlerweiterung

Operanden vom Typ `_Bool`, `char`, `unsigned char`, `short`, `unsigned short` oder Bitfelder können in einem Ausdruck überall dort benutzt werden, wo Operanden vom Typ `int` oder `unsigned int` zulässig sind. Für diese Operanden wird stets die *Ganzzahlerweiterung* durchgeführt, d.h., sie werden zu `int` bzw. `unsigned int` erweitert. Dabei findet eine Erweiterung zu `unsigned int` nur dann statt, wenn mit `int` nicht alle Werte des ursprünglichen Typs darstellbar sind.

In C wird also immer mit Werten »gerechnet«, die mindestens den Typ `int` besitzen. Ist etwa `c` eine `char`-Variable, wird im Ausdruck

Beispiel: `c + '0'`

der Wert von `c` vor der Addition zu `int` erweitert.

Übliche arithmetische Typumwandlungen

Die Operanden eines binären Operators dürfen einen unterschiedlichen arithmetischen Typ besitzen. Durch Anwendung der *üblichen arithmetischen Typumwandlungen* wird dann implizit ein gemeinsamer Typ gebildet. Ausnahmen sind die Zuweisungsoperatoren sowie die Operatoren `&&` und `||`.

Treten nach der Ganzzahlerweiterung noch Operanden mit verschiedenem Typ auf, wird in denjenigen Typ umgewandelt, der in der nachfolgenden Hierarchie am weitesten oben steht. Dieser Typ ist dann auch der Typ des Ergebnisses.

Hat mindestens ein Operand einen komplexen Gleitpunkttyp, erfolgt die übliche Typumwandlung gemäß den zugrunde liegenden reellen Typen. Dabei bleibt ein reeller Gleitpunkttyp reell und ein komplexer Gleitpunkttyp komplex. Das Ergebnis einer arithmetischen Operation hat dann einen komplexen Gleitpunkttyp.

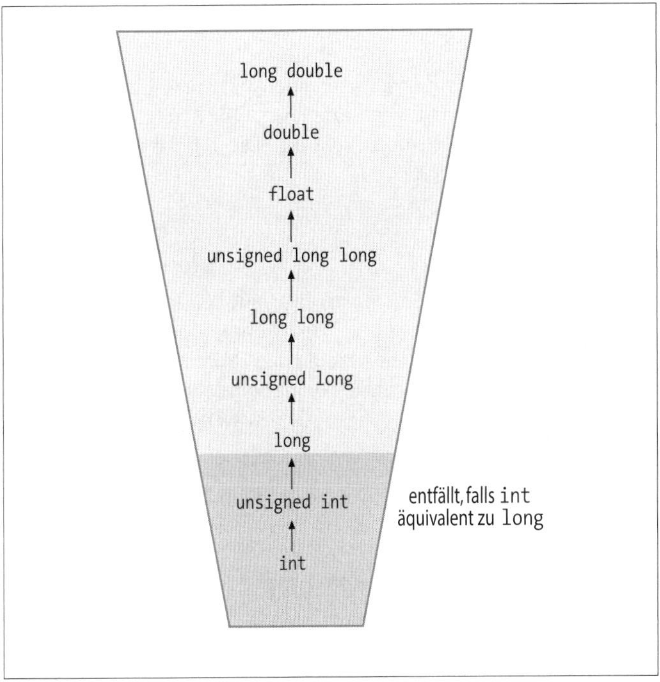

Abbildung 1: Hierarchie der Datentypen

Zur Umwandlung eines komplexen Gleitpunkttyps in einen anderen komplexen Gleitpunkttyp wird sowohl der Typ des Realteils als auch der Typ des Imaginärteils nach den Regeln konvertiert, die für die entsprechenden reellen Gleitpunkttypen gelten.

Typumwandlungen bei Zuweisungen und mit Zeigern

In einer einfachen Zuweisung sind ebenfalls verschiedene arithmetische Typen zulässig. Der Wert des rechten Operanden wird dabei stets in den Typ des linken Operanden konvertiert.

Bei einer zusammengesetzten Zuweisung wird zunächst die Berechnung mit den üblichen arithmetischen Typumwandlungen durchgeführt. Erst anschließend erfolgt eine Typanpassung wie bei der einfachen Zuweisung.

Ein Zeiger vom Typ `void *` kann in jeden anderen Objektzeiger konvertiert werden. Die Umwandlung eines Objektzeigers in einen typenlosen Zeiger ist ebenfalls zulässig. Die repräsentierte Adresse bleibt dabei unverändert.

Anweisungen

Eine *Anweisung* (engl. *Statement*) legt eine auszuführende Aktion fest, z.B. eine Berechnung oder einen Funktionsaufruf. Viele Anweisungen dienen dazu, den Ablauf eines Programms zu kontrollieren (Verzweigungen, Schleifen). Solange eine solche Kontrollanweisung keinen Sprung veranlasst, werden Anweisungen nacheinander abgearbeitet.

Jede Anweisung, die kein Block ist, schließt mit einem Semikolon (;) ab.

Block- und Ausdrucksanweisung

Ein *Block*, auch *zusammengesetzte Anweisung* (engl. *Compound Statement*) genannt, fasst eine Gruppe von Anweisungen zu einer Anweisung zusammen. Ein Block kann auch Deklarationen enthalten.

Syntax: { [*Deklarationsliste*] [*Anweisungsliste*] }

Beispiel:

```
{ int i = 0;                /* Deklarationen  */
  static long a;
  extern long max;

  ++a;                      /* Anweisungen    */
  if( a >= max)
  {  . . .   }              /* noch ein Block */
  . . .
}
```

In einem Block stehen zunächst die Deklarationen und dann die Anweisungen. C99 erlaubt aber auch die freie Platzierung von Deklarationen.

Innerhalb eines Funktionsblocks können jederzeit neue Blöcke gebildet werden. Üblicherweise wird ein Block dann gebildet, wenn syntaktisch eine Anweisung gefordert ist, aber mehrere Anweisungen benötigt werden. Dies ist beispielsweise der Fall, wenn in einer Schleife mehr als eine Anweisung wiederholt werden soll.

Eine *Ausdrucksanweisung* ist ein Ausdruck, dem ein Semikolon folgt.

Syntax: `[Ausdruck] ;`

Beispiel:

```
y = x;   // Zuweisung
```

Der Ausdruck, z.B. eine Zuweisung oder ein Funktionsaufruf, wird wegen seiner Seiteneffekte bewertet. Der Typ und Wert des Ausdrucks selbst hat keine Bedeutung mehr.

Eine Anweisung, die nur aus einem Semikolon besteht, wird auch *leere Anweisung* genannt. Sie führt keine Operation aus.

Beispiel:

```
for( i = 0;  str[i] != '\0'; ++i)
    ;   // leere Anweisung
```

Verzweigungen

Zur Kontrolle des Programmflusses stehen dem Programmierer folgende Anweisungen zur Verfügung:

- Verzweigungen mit `if else` oder `switch`
- Schleifen mit `while`, `do while` oder `for`
- bedingungsfreie Sprünge mit `goto`, `continue`, `break` oder `return`.

`if else`

Die `if`-Anweisung stellt eine *bedingte Verzweigung* dar:

Syntax: `if( Ausdruck) Anweisung1 [else Anweisung2]`

`Ausdruck` hat einen skalaren Typ. Zuerst wird der `if`-Ausdruck bewertet. Ist das Ergebnis ungleich `0`, d.h. »wahr«, wird *`Anweisung1`* ausgeführt. Andernfalls wird bei vorhandenem `else`-Zweig *`Anweisung2`* ausgeführt.

Beispiel:

```
if( x > y)  max = x; // Maximum von x und y der
else        max = y; // Variablen max zuweisen.
```

Der else-Zweig ist optional. Ist der Wert des if-Ausdrucks 0, d.h. »falsch«, und fehlt der else-Zweig, wird die nächste Anweisung im Programm ausgeführt.

Werden mehrere if-Anweisungen geschachtelt, gehört ein else-Zweig immer zum letzten if (in derselben Blockebene), dem noch kein else zugeordnet ist. Eine andere Zuordnung kann durch Bildung eines Blocks erreicht werden.

Beispiel:

```
if( n > 0)
{  if( n % 2 == 0)
     puts("n ist positiv und gerade");
}
else            // else gehört zum ersten if
     puts("n ist negativ oder null");
```

Soll eine von mehr als zwei Anweisungen ausgewählt werden, können if-Anweisungen in einer else-if-Kette geschachtelt werden: Jede weitere if-Anweisung wird im else-Zweig der vorherigen if-Anweisung formuliert.

Beispiel:

```
if( n <= 0)
   puts("n ist negativ oder 0.")
else if (n%2 == 0)
   puts("n ist positiv und gerade.")
else      // else gehört zum letzten if
   puts("n ist positiv und ungerade.\n")
```

---

switch

In einer switch-Anweisung (dt. Schalter) wird der Wert des switch-Ausdrucks mit den Konstanten in case-Marken verglichen und dann zur passenden Marke verzweigt. Stimmt der Wert des Ausdrucks mit keiner case-Marke überein, wird zur default-Marke verzweigt, wenn die default-Marke vorhanden ist, andernfalls zur ersten Anweisung, die dem switch folgt.

Syntax: switch (*Ausdruck*) *Anweisung*

`Ausdruck` ist ein ganzzahliger Ausdruck. `Anweisung` ist eine Blockanweisung mit case-Marken und höchstens einer Marke `default:`. Jede case-Marke hat die Form `case Konst:`, wobei `Konst` ein konstanter ganzzahliger Ausdruck ist. Alle case-Konstanten müssen verschieden sein.

Beispiel:

```
switch( command)           // Ein Kommando abfragen,
{                          // das z. B. in einem Menü
                           // eingegeben wurde.
case 'a':
case 'A': action1();       // Aktion 1 ausführen,
          break;           // dann den switch beenden.
case 'b':
case 'B': action2();       // Aktion 2 ausführen,
          break;           // dann den switch beenden.
default:  putchar('\a');   // Sonst einen Ton
}                          // ausgeben.
```

Nach der Verzweigung zu einer Marke wird das Programm sequenziell fortgesetzt, wobei die Marken keine Bedeutung mehr haben. Mit der `break`-Anweisung kann ein `switch` jederzeit beendet werden. Ein `break` ist also notwendig, wenn die Anweisungen der nächsten case-Konstanten nicht ausgeführt werden sollen.

Wird innerhalb einer `switch`-Anweisung eine weitere Variable benötigt, sollte diese entweder vor der `switch`-Anweisung definiert werden oder, falls das genügt, in einem Block nach einer case- bzw. `default`-Marke. Eine Variable, die im `switch`-Block vor den case-Marken definiert wird, existiert zwar, wird aber nicht initialisiert.

Beispiel:

```
switch( z )
{
   int sum = 0;                   // Initialisierung wird
                                  // nicht ausgeführt.
   case const1: { int i = 10;     // Nur in diesem Fall.
                  ++sum;          // Undefinierter Wert!
                  /* . . . */
                }
                break;
   case const2:
               /* . . . */
}
```

Auf den `switch`-Ausdruck wird die Ganzzahlerweiterung angewendet. Die `case`-Konstanten werden dann dem Typ des `switch`-Ausdrucks angepasst.

Schleifen

In einer Schleife wird eine Gruppe von Anweisungen, der sogenannte Schleifenrumpf, mehrfach ausgeführt. Zur Bildung einer Schleife stehen in C drei Anweisungen zur Verfügung: `while`, `do-while` und `for`.

Die Anzahl der Schleifendurchläufe wird in jedem Fall durch eine *Laufbedingung* kontrolliert. Das ist ein Ausdruck mit skalarem Typ, also ein arithmetischer Ausdruck oder ein Zeiger. Der Ausdruck wird als »wahr« interpretiert, wenn sein Wert ungleich `0` ist, andernfalls als »falsch«.

Syntaktisch besteht der Schleifenrumpf nur aus einer Anweisung. Mehrere Anweisungen werden in einem Block zusammengefasst.

`while`

Die `while`-Anweisung ist eine »kopfgesteuerte« Schleife: Zuerst wird der `while`-Ausdruck, also die Laufbedingung, bewertet. Ist diese »wahr«, wird der Schleifenrumpf ausgeführt und der `while`-Ausdruck erneut bewertet. Andernfalls wird die Schleife beendet.

Syntax: `while (` *`Ausdruck`* `)` *`Anweisung`*

Beispiel:

```
s = str;                // Den char-Zeiger s
while( *s != '\0')      // auf das Ende von str
    ++s;                // zeigen lassen.
```

`do while`

Die `do-while`-Anweisung ist eine »fußgesteuerte« Schleife: Zuerst wird der Schleifenrumpf ausgeführt, anschließend wird der `while`-Ausdruck bewertet. Dies wird so lange wiederholt, bis der `while`-Ausdruck »falsch«, also `0` ist.

Im Gegensatz zu einer `while`-Schleife wird der Schleifenrumpf mindestens einmal ausgeführt.

Syntax: `do` *`Anweisung`* `while (` *`Ausdruck`* `) ;`

Beispiel:

```
i = 0;
do                              // String str1 nach
   str2[i] = str1[i];           // String str2
while( str1[i++] != '\0'); // kopieren.
```

---

for

Eine typische Schleife benutzt eine Variable, für die folgende Aktionen auszuführen sind:

1. Initialisierung (einmal zu Beginn der Schleife),
2. Überprüfung der Laufbedingung,
3. Reinitialisierung am Ende eines Schleifendurchlaufs (z.B. Inkrementierung).

Diesem Zweck dienen die drei Ausdrücke im Kopf der `for`-Anweisung.

Syntax:

```
for ([Ausdruck1]; [Ausdruck2]; [Ausdruck3])
    Anweisung
```

`Ausdruck1` und *`Ausdruck3`* sind beliebige Ausdrücke. `Ausdruck2` ist die Laufbedingung, hat also einen skalaren Typ. Jeder der Ausdrücke kann weggelassen werden. Fehlt *`Ausdruck2`*, ist die Laufbedingung stets erfüllt. C99 lässt für *`Ausdruck1`* auch eine Deklaration zu. Der Geltungsbereich ist dann auf die `for`-Schleife beschränkt.

Beispiel:

```
for( int i = DELAY; i > 0; --i)   //  etwas warten
    ;
```

Dieses Beispiel einer `for`-Schleife ist (bis auf den Geltungsbereich der Variablen `i`) äquivalent zur folgenden `while`-Schleife:

Beispiel:

```
int i = DELAY;              // Initialisierung
while( i > 0)               // Laufbedingung
      --i;                  // Reinitialisierung
```

Häufig ist es notwendig, Schleifen zu schachteln, beispielsweise zur Bearbeitung mehrdimensionaler Vektoren. Im folgenden Beispiel wird eine Matrix `matrix` mit `int`-Elementen, die aus `ZN` Zeilen und `SN` Spalten besteht, initialisiert:

Beispiel:

```
for( z = 0; z < NZ; ++z)          // Zeilen
   for( s = 0; s < SN; ++s)       // Spalten
      matrix[z][s] = z + s;
```

Bedingungsfreie Sprünge

goto

Mit der goto-Anweisung kann ein beliebiger Sprung innerhalb einer Funktion ausgeführt werden. Als Sprungziel wird der Name einer Marke angegeben.

Syntax: `goto` *`Marke`*`;`

Eine *Marke* ist ein Name, gefolgt von einem Doppelpunkt. Marken dürfen vor jeder Anweisung stehen.

Beispiel:

```
for( ... )          // Verschachtelte Schleifen
   for( ... )       // sofort verlassen.
      if( error)
         goto  handle_error;
          ...
handle_error:       // Hier die Fehlerbehandlung.
```

Es gibt nur die Einschränkung, dass sich die goto-Anweisung und die Marke in derselben Funktion befinden müssen. Trotzdem sollte niemals mit der goto-Anweisung von außen in einen Block hineingesprungen werden.

Da die Lesbarkeit eines Programms leidet, sollte die Anweisung goto sparsam eingesetzt werden. Jedes Programm kann auch ohne goto formuliert werden!

continue

Die `continue`-Anweisung darf nur innerhalb eines Schleifenrumpfs verwendet werden. Sie bewirkt das Überspringen des restlichen

Schleifenrumpfs. In einer while- oder do-while-Schleife wird also zur Laufbedingung verzweigt, in einer for-Schleife zur Reinitialisierung.

Syntax:
```
continue;
```

Beispiel:
```
for( i = -10; i < 10; ++i)
{ ...
   if( i == 0) continue;    // 0 überspringen
   ...
}
```

---

break

Mit der break-Anweisung wird eine Schleife oder eine switch-Anweisung unmittelbar beendet. Eine Schleife kann so auch an einer beliebigen Stelle im Schleifenrumpf verlassen werden.

Syntax:
```
break;
```

Beispiel:
```
while(1)
{ ...
  if(command == ESC) break; // Schleife beenden
   ...
}
```

---

return

Eine return-Anweisung beendet die aktuelle Funktion und kehrt zur aufrufenden Funktion zurück. Dabei wird der Wert des Ausdrucks in der return-Anweisung als *Return-Wert* zurückgegeben.

Syntax: `return [`*Ausdruck*`];`

Beispiel:
```
int max( int a, int b)    // Maximum von a und b
{ return (a>b ? a : b); }
```

In einer Funktion können mehrere return-Anweisungen stehen.

Stimmt der Typ des return-Ausdrucks nicht mit dem Typ der Funktion überein, wird er in den Typ der Funktion umgewandelt.

Der Ausdruck in der return-Anweisung kann auch fehlen. Das ist jedoch nur in Funktionen vom Typ void sinnvoll. In diesem Fall darf die `return`-Anweisung selbst fehlen. Dann wird die Funktion am Ende des Funktionsblocks verlassen.

Deklarationen

Eine *Deklaration* legt die Interpretation und die Attribute eines oder mehrerer Bezeichner fest. Eine Deklaration, die für ein Objekt oder eine Funktion Speicherplatz reserviert, ist eine *Definition*. In C ist ein *Objekt* ein Speicherbereich für Daten, der konstante oder variable Werte beinhaltet. Der Begriff »Objekt« ist also etwas allgemeiner als der Begriff »Variable«.

Deklarationen können in der Quelldatei zu Beginn eines Blocks, z. B. eines Funktionsblocks, oder außerhalb von Funktionen stehen. Deklarationen, die keinen Speicher reservieren – wie z. B. Prototypen von Funktionen oder Typdefinitionen –, werden normalerweise in eine Header-Datei gestellt.

C99 ermöglicht die freie Platzierung von Deklarationen, d. h., innerhalb eines Blocks können sich Deklarationen und Anweisungen beliebig abwechseln.

Allgemeine Syntax und Beispiele

Die allgemeine Syntax einer Deklaration sieht so aus:

Syntax: `[speicherklasse] typ D1 [, D2, ...];`

- *`speicherklasse`* ist einer der Speicherklassenspezifizierer `extern`, `static`, `auto`, `register`, `_Thread_local` oder `_Thread_local` in Verbindung mit `extern` oder `static`.
- *`typ`* spezifiziert einen elementaren Typ oder ist einer der folgenden Typspezifizierer: `void`, `enum`-Typ (Aufzählung), `struct`-/`union`-Typ oder `typedef`-Name.

  `typ` kann Typqualifizierer (z. B. `const` oder `_Alignas`) enthalten.

  In der Deklaration einer Funktion kann *`typ`* die Spezifizierer `inline` oder `_Noreturn` enthalten.

Objekte können mit dem Typspezifizierer `_Atomic(`*typname*`)` oder dem Typqualifizierer `_Atomic` als atomar deklariert werden, sofern die Implementierung atomare Objekte unterstützt.

- *D1* [, *D2*,...] ist eine Liste von Deklaratoren. Ein Deklarator enthält mindestens einen Bezeichner, z.B. einen Variablennamen.

Beispiele:

```
char    zeichen;
int     i, j, k;
static  double  kurs, preis;
extern  char    flag;
```

Variablen können bei der Deklaration initialisiert, d.h. mit einem Anfangswert versehen werden. Variablen, Funktionen und atomare Typen werden noch im Detail betrachtet.

Eine Ausnahme bilden die `_Static_assert`-Deklarationen, die keinen Bezeichner deklarieren, sondern den Compiler veranlassen, einen konstanten Ausdruck zu überprüfen.

Syntax: `_Static_assert(`*constant_expression*`, `*string_literal*`);`

Der konstante Ausdruck *constant_expression* muss ganzzahlig sein. Ist sein Wert von `0` verschieden, passiert nichts. Andernfalls erzeugt der Compiler eine Fehlermeldung, die das angegebene String-Literal enthält.

Beispiel:

```
_Static_assert(sizeof(int)==4,
               "Typ int muss 4 Byte belegen.");
```

Trifft die Bedingung `sizeof(int) == 4` nicht zu, erzeugt der Compiler eine Fehlermeldung wie

```
test.c(15): error: Static assertion failed:
"Typ int muss 4 Byte belegen."
```

Falls die Header-Datei *assert.h* inkludiert ist, kann das Makro `static_assert` anstelle von `_Static_assert` verwendet werden.

Komplexe Deklarationen

Enthält der Deklarator nur einen Bezeichner und gegebenenfalls einen Initialisierer, spricht man von einer einfachen Deklaration. In einer komplexen Deklaration enthält der Deklarator zusätzliche Typinformationen. Diese sind notwendig zur Deklaration von *Zeigern*, *Vektoren* und *Funktionen*. Dazu dienen die drei Operatoren *, [] und ().

Tabelle 17: Operatoren für komplexe Deklarationen

Operator	Bedeutung
*	Zeiger auf
[]	Vektor mit Elementen vom Typ
()	Funktion mit Return-Wert vom Typ

Diese Operatoren haben in einer Deklaration die gleiche Priorität wie in Ausdrücken. Es können auch Klammern gesetzt werden, um eine andere Zuordnung festzulegen.

Bei der Interpretation eines komplexen Deklarators beginnt man stets bei dem zu deklarierenden Bezeichner. Dann sind folgende Schritte zu wiederholen, bis alle Operatoren aufgelöst sind:

1. Steht *rechts* das Klammernpaar () oder [], wird dieses interpretiert.
2. Andernfalls wird *links* der Stern, falls vorhanden, interpretiert.

Beispiel: `char *strptr[100];`

`strptr` ist also ein Vektor mit 100 Elementen vom Typ Zeiger auf `char`.

Variablen

Jede Variable muss vor ihrer Verwendung deklariert werden. Die Deklaration legt den *Typ*, die *Speicherklasse* und gegebenenfalls den *Anfangswert* der Variablen fest. Der Typ bestimmt, wie viel Speicher eine Variable belegt und wie der Inhalt der Variablen interpretiert wird.

Beispiel: `float dollar = 2.5F;    // float-Variable`

Die Variable `dollar` bezeichnet eine Speicherstelle, die 4 Byte groß ist. Der Inhalt wird als Gleitpunktzahl interpretiert und mit dem Wert `2.5` initialisiert.

Speicherklassen

Die Speicherklasse einer Variablen legt den *Geltungsbereich*, die *Lebensdauer* und die *Bindung* der Variablen fest. Der Geltungsbereich kann entweder *Block*, *Datei* oder *Thread* sein (siehe den Abschnitt *Namensklassen und Geltungsbereiche* auf Seite 13). Für die Lebensdauer gibt es drei Möglichkeiten:

- *Statische Lebensdauer:* Die Variable wird einmal zu Programmbeginn erzeugt und initialisiert. Sie existiert während der gesamten Programmausführung.
- *Automatische Lebensdauer:* Die Variable wird bei jedem Eintritt in den Block, in dem sie definiert ist, neu erzeugt. Beim Verlassen des Blocks wird der Speicher für die Variable wieder freigegeben.
- *Thread-lokale Lebensdauer:* Die Variable existiert während der gesamten Ausführung des Threads, in dem sie erzeugt wurde. Jeder Thread hat seine eigene Instanz einer Thread-lokalen Variablen, die beim Start des Threads neu erzeugt wird. In einem Ausdruck mit einer Thread-lokalen Variablen wird die zum jeweiligen Thread gehörige Variable ausgewertet.

Die Speicherklasse einer Variablen ergibt sich aus der Position der Deklaration innerhalb der Quelldatei und aus dem Speicherklassenspezifizierer, sofern einer angegeben wurde. Eine Deklaration kann höchstens einen Speicherklassenspezifizierer enthalten.

Tabelle 18: Die Bedeutung der Speicherklassenspezifizierer

Spezifizierer	Bedeutung
`auto`	Der Spezifizierer `auto` ist nur für lokale Variablen zulässig, d. h. für Variablen, die innerhalb einer Funktion deklariert werden. `auto`-Variablen haben eine automatische (= lokale) Lebensdauer. Da dies schon standardmäßig für lokale Variablen gilt, wird der Spezifizierer `auto` selten verwendet.

Tabelle 18: Die Bedeutung der Speicherklassenspezifizierer (Fortsetzung)

Spezifizierer	Bedeutung
`register`	Der Spezifizierer `register` weist den Compiler an, die Variable, wenn möglich, in einem Register der CPU zu unterhalten. Der Adressoperator `&` ist nicht auf eine `register`-Variable anwendbar. Alle weiteren Eigenschaften sind die einer `auto`-Variablen.
`static`	Als `static` deklarierte Variablen haben stets eine statische (= globale) Lebensdauer. Der Spezifizierer `static` wird zur Definition von permanenten Variablen mit beschränktem Geltungsbereich eingesetzt.
`extern`	Der Spezifizierer `extern` dient der Deklaration von Variablen, die eine statische Lebensdauer haben und im gesamten Programm verwendet werden können.
`Thread_local`	Der Spezifizierer `_Thread_local` definiert eine Thread-lokale Variable, die beim Start des Threads neu erzeugt wird. Jeder Thread hat seine eigene Instanz einer Thread-lokalen Variablen. Innerhalb einer Funktion darf der Spezifizierer nur in Verbindung mit `static` und `extern` verwendet werden.

Die nachfolgende Tabelle zeigt die möglichen Speicherklassen von Variablen sowie die Auswirkungen auf den Geltungsbereich und die Lebensdauer.

Tabelle 19: Speicherklassen, Geltungsbereich und Lebensdauer von Variablen

Position der Deklaration	Speicherklassenspezifizierer	Geltungsbereich	Lebensdauer
Außerhalb jeder Funktion	keiner, `extern`, `static`	Datei	statisch
	`_Thread_local`	Thread	Thread
Innerhalb einer Funktion	keiner, `auto`, `register`	Block	automatisch
	`extern, static`	Block	statisch
	`extern _Thread_local` `static _Thread_local`	Thread	Thread

Die dynamische Speicherverwaltung erfolgt mit Funktionen der Standardbibliothek und wird dort vorgestellt.

Initialisierung

Variablen können bei der Deklaration *initialisiert*, d.h. mit einem Anfangswert versehen werden. Zu diesem Zweck wird dem Deklarator ein Gleichheitszeichen mit dem Initialisierer nachgestellt.

Beispiele:
```
int   index = 0,  max = 99,  *intptr = NULL;
static char  meldung[20] = "Beispiel!";
```

Parameter einer Funktion und Variablen in Referenzdeklarationen werden bei der Deklaration nicht initialisiert. Wenn eine Funktion aufgerufen wird, werden die Parameter der Funktion mit den Werten der übergebenen Argumente initialisiert.

Folgende Regeln gelten für jede Initialisierung:

1. Bei einer Variablendeklaration mit Initialisierung handelt es sich stets um eine Definition, d.h., es wird der Speicherplatz für die Variable reserviert.
2. Variablen mit *statischer Lebensdauer* sind in der Deklaration nur mit Werten initialisierbar, die schon vom Compiler berechnet werden können. Der Initialisierer ist also ein konstanter Ausdruck.
3. Für Variablen *ohne Initialisierer* gilt: Variablen mit statischer Lebensdauer werden implizit mit null initialisiert (d.h. jedes Byte = `0`). Alle anderen Variablen haben einen undefinierten Anfangswert.

Für die Typumwandlung gelten bei der Initialisierung dieselben Regeln wie bei einer einfachen Zuweisung.

Abgeleitete Typen

Datentypen können auch selbst definiert werden, und zwar als *Aufzählungstypen* (engl. *Enumerated Types*) oder als *abgeleitete Typen* (engl. *Derived Types*). Abgeleitete Typen sind Zeiger, Vektoren, Strukturen, Unions und Funktionstypen.

Die elementaren Typen zusammen mit den Aufzählungstypen werden auch *arithmetische Typen* genannt. Die arithmetischen Typen wiederum und die Zeigertypen heißen *skalare Typen*. Außerdem wird für Vektor- und Strukturtypen die gemeinsame Bezeichnung *Aggregattypen* verwendet.

Ein *Funktionstyp* spezifiziert den Return-Wert der Funktion und kann auch die Typen der Parameter festlegen (siehe den Abschnitt *Funktionen* auf Seite 71).

Alle anderen Typen beschreiben Objekte und werden Objekttypen genannt. Wenn auch die Größe des vom Objekt belegten Speichers festgelegt wird, spricht man von einem *vollständigen* Typ, andernfalls von einem *unvollständigen* Typ (engl. *Incomplete Type*). In der folgenden extern-Deklaration:

Beispiel: `extern int intArr[];`

wird ein Vektor `intArr` mit Elementen vom Typ `int` deklariert. Da die Anzahl der Vektorelemente nicht angegeben ist, hat `intArr` einen unvollständigen Typ.

Aufzählungstypen

Aufzählungen dienen der übersichtlichen Definition von Variablen, die im Laufe des Programms nur bestimmte ganzzahlige Werte annehmen. Die möglichen Werte und deren Namen werden durch eine Liste festgelegt. Der Typspezifizierer beginnt mit dem Schlüsselwort `enum`.

Beispiel: `enum schalter { OFF, ON, AUS = 0, AN };`

Die in Klammern angegebene Aufzählungsliste definiert einen neuen Aufzählungstyp. Der Bezeichner `schalter` ist der Name (engl. *Tag*) dieser Aufzählung. Außerdem werden die Bezeichner in der Liste (also `OFF`, `ON`, `AUS`, `AN`) als Konstanten vom Typ `int` definiert.

Der Wert einer Konstanten wird entweder durch eine explizite Initialisierung festgelegt (z. B. `AUS = 0`) oder ergibt sich automatisch aus der Position in der Liste: Eine Konstante ohne Initialisierer hat den Wert `0`, wenn sie die erste Konstante in der Liste ist, andernfalls hat sie einen um `1` höheren Wert als der Vorgänger. Im obigen Beispiel haben also die Konstanten `OFF` und `AUS` den Wert `0` und `ON` und `AN` den Wert `1`.

Wurde ein Aufzählungstyp einmal definiert, können nachfolgend im selben Geltungsbereich Variablen dieses Typs deklariert werden.

Beispiel: `enum schalter s1, s2 = ON;`

Damit sind `s1` und `s2` Variablen vom Typ `enum schalter`, und `s2` ist außerdem mit `ON` (= `1`) initialisiert.

Beispiel: `enum {schwarz,blau,gruen,cyan,rot,magenta,weiss};`

Wie dieses Beispiel zeigt, muss bei der Definition einer Aufzählung nicht notwendigerweise ein Tag-Name angegeben werden. Dann ist der Aufzählungstyp zwar anschließend nicht verwendbar, wohl aber die definierten Konstanten. Dies stellt eine Alternative zur `#define`-Direktive dar. Die Werte der Konstanten im obigen Beispiel sind also: `schwarz == 0, blau == 1, ... , weiss == 6.`

Variablen, die einen Aufzählungstyp besitzen, dürfen in einem C-Programm wie gewöhnliche `int`-Variablen eingesetzt werden, z.B. in Vergleichen oder arithmetischen Ausdrücken.

Strukturen, Unions und Bitfelder

Ein Datensatz (engl. *Record*) fasst Daten, die logisch zusammengehören, zu einer Einheit zusammen. Der Aufbau eines Datensatzes, d.h. die Reihenfolge, die Bezeichnung und der Typ der einzelnen Datenfelder, wird in C durch die Definition einer *Struktur* festgelegt.

Die Datenfelder werden auch *Elemente* oder *Komponenten* der Struktur genannt. Jede Komponente kann einen beliebigen Datentyp haben. Der Typspezifizierer beginnt mit dem Schlüsselwort `struct`.

Beispiel:

```
struct artikel { char   name[40];
                 int    anzahl;
                 double preis;
               };
```

Hier wird ein Strukturtyp mit drei Komponenten definiert: Der Bezeichner `artikel` ist der Name dieser Struktur, und `name`, `anzahl`, `preis` sind die Namen der Komponenten. Mit jedem Bezug auf den Strukturtyp muss das Schlüsselwort `struct` angegeben werden.

Im Geltungsbereich einer Strukturdeklaration können Variablen mit diesem Typ deklariert werden:

Beispiel:
```
struct artikel a1, a2, *pArtikel, arrArtikel[100];
```

a1 und a2 sind damit Variablen vom Typ struct artikel, und pArtikel ist ein Zeiger auf eine derartige Struktur. Der Vektor arrArtikel besitzt 100 Elemente vom Typ struct artikel.

Schon bei der Definition eines Strukturtyps können auch Variablen mit diesem Typ deklariert werden. Wird sonst auf den Strukturtyp kein Bezug mehr genommen, ist es nicht erforderlich, einen Strukturnamen anzugeben.

Beispiel:
```
struct {unsigned char zeichen, attribut;}
xchar, xstr[100];
```

Die hier definierte Struktur besitzt die Komponenten zeichen und attribut, beide vom Typ unsigned char. Die Variable xchar und die Elemente des Vektors xstr sind vom Typ der neu definierten Struktur.

Die Komponenten einer Strukturvariablen belegen den Speicher gemäß ihrer Reihenfolge in der Struktur. Die Adresse der ersten Komponente ist daher identisch mit der Adresse der gesamten Struktur. Der insgesamt benötigte Speicherplatz sollte stets mit dem sizeof-Operator ermittelt werden, da der Compiler aus Optimierungsgründen Lücken zwischen den einzelnen Komponenten lassen kann.

In der Header-Datei *stddef.h* ist das Makro offsetof definiert, das in einer Struktur die Position einer Komponente liefert. Der Ausdruck:

```
offsetof( structure_type, member)
```

hat den Typ size_t und ist der Abstand der Komponente member vom Anfang der Struktur in Anzahl Byte.

Die *Initialisierung* einer Strukturvariablen erfolgt durch eine Initialisierungsliste, die für jede Komponente einen Anfangswert enthält:

Beispiel:
```
struct artikel blume =    // Deklaration und
                          // Initialisierung
{ "Rose", 7, 2.49 };      // der Strukturvariablen blume
```

Die Initialisierungsliste kann auch weniger Werte enthalten als die Anzahl der Komponenten. Dann werden die restlichen Komponenten mit 0 initialisiert.

Beispiel: `struct artikel blume2 = { "Tulpe" };`

Die Komponenten `anzahl` und `preis` haben in dem Fall den Wert `0`.

Ein Initialisierer in der Liste kann auch direkt einer bestimmten Komponente zugeordnet werden. Das ist nützlich, wenn nur ganz bestimmte Komponenten einer größeren Struktur einen Anfangswert ungleich null erhalten sollen. Dazu wird dem Initialisierer in der Liste der Name der Komponente mit einem führenden Punkt, einem sogenannten *Elementbezeichner* (engl. *Element Designator*), und ein Gleichheitszeichen vorangestellt.

Beispiel: `struct artikel blume3 = { .anzahl=3, .name ="Lilie" };`

Die Komponente `preis` erhält den Wert `0`. Die Reihenfolge, in der die Bezeichner in der Initialisierungsliste angegeben sind, muss nicht mit der Reihenfolge in der Deklaration der Struktur übereinstimmen.

Ein Initialisierer ohne Elementbezeichner wird der ersten Komponente zugeordnet, wenn es der erste Initialisierer ist, andernfalls dem Nachfolger der zuvor initialisierten Komponente.

Eine Strukturvariable mit automatischer Lebensdauer kann auch mit dem Inhalt einer schon vorhandenen Struktur initialisiert werden. Es ist ebenfalls möglich, den Zuweisungsoperator auf Strukturvariablen desselben Typs anzuwenden.

Beispiel: `arrArtikel[0] = blume;`

Hier werden die Inhalte sämtlicher Komponenten von `blume` in die entsprechenden Komponenten von `arrArtikel[0]` kopiert.

Ohne Initialisierung haben die Komponenten einer Strukturvariablen mit automatischer Lebensdauer undefinierte Werte. Die Komponenten von Strukturvariablen mit statischer Lebensdauer werden mit `0` initialisiert.

Der *Zugriff* auf eine bestimmte Strukturkomponente erfolgt mit dem Punktoperator, dessen linker Operand eine Strukturvariable ist.

Beispiele:
```
blume.name       // der char-Vektor name
blume.preis      // die double-Variable preis
```

Ein effizienter Umgang mit Daten macht es häufig erforderlich, mit *Zeigern auf Strukturen* zu arbeiten. Um mithilfe eines Zeigers bequem auf eine Komponente zuzugreifen, gibt es den Pfeiloperator. Sein linker Operand ist ein Zeiger auf eine Strukturvariable.

Beispiele:
```
pArtikel = &blume; // pArtikel zeigt auf blume.
pArtikel->anzahl   // Mit dem Zeiger pArtikel
pArtikel->preis    // auf Komponenten zugreifen.
```

Eine namenlose Struktur, die als Komponente einer Struktur deklariert wird, heißt *anonyme Struktur*. Ihre Komponenten werden als Komponenten der Struktur angesprochen, die sie enthält.

Beispiel:
```
struct Demo{
            struct{int i; int j};    // anonyme Struktur
            struct{int k; int l}w;   // nicht anonym
           }demo;
```

Dann sind die Zuweisungen `demo.j = 7;` und `demo.w.k = 9;` zulässig, die Zuweisung `demo.k = 9;` allerdings nicht.

Eine Struktur kann sich selbst nicht als Komponente enthalten. Jedoch ist die Definition *rekursiver Strukturen* möglich: Das sind Strukturen, die als Komponenten Zeiger auf Strukturvariablen des eigenen Typs enthalten. Rekursive Strukturen werden z. B. zur Implementierung von verketteten Listen und von binären Bäumen benötigt.

Unions

Eine *Union* (auch: Variante) ermöglicht es, eine Speicherstelle mit verschiedenen Datentypen anzusprechen. Die Deklaration einer Union unterscheidet sich von der einer Struktur nur durch das Schlüsselwort `union`:

Beispiel:
```
union zahl {long n; double x;};
```

Hier wird ein neuer Union-Typ mit dem Tag-Namen `zahl` deklariert, der aus den zwei Komponenten `n` und `x` besteht.

Im Gegensatz zu einer Struktur haben alle Komponenten einer Union dieselbe Anfangsadresse! Die Größe einer Union ist daher durch die größte Komponente bestimmt. Eine Variable vom Typ `union zahl` belegt also 8 Byte.

Mit einem zuvor definierten Union-Typ können anschließend Variablen deklariert werden. So wird durch

Beispiel:
```
union zahl  nx[10];
```

ein Vektor `nx` mit zehn Elementen vom Typ `union zahl` deklariert. Zu einem Zeitpunkt speichert jedes Element entweder einen `long`- oder einen `double`-Wert. Der Zugriff auf die Komponenten einer Union erfolgt wie bei Strukturen.

Beispiel:
```
nx[0].x = 1.234; // nx[0] double-Wert zuweisen
```

Wie bei Strukturen erfolgt die *Initialisierung* einer Union-Variablen durch eine Initialisierungsliste. Diese enthält aber nur einen Wert, und zwar vom Typ der ersten Komponente.

Beispiel:
```
union zahl  laenge = { 100L };
```

Nach dieser Deklaration hat `laenge.n` den Wert `100`.

Die Komponente einer Union kann auch eine namenlose Struktur sein. Eine namenlose Union, die als Komponente einer Struktur oder Union deklariert wird, heißt *anonyme Union*. Ihre Komponenten werden als Komponenten der Struktur bzw. Union angesprochen, die sie enthält.

Beispiel:
```
struct outer
{
    // anonyme Union:
    union
    { struct { int i, j; };         // anonyme Struktur
      struct{ long k, l; } inner;
    };
    int w;
} outer1;
outer1.j = 2;         // okay
outer1.k = 7;         // Fehler: Struktur inner nicht
                      // anonym
outer1.inner.k = 7;   // okay
```

Bitfelder

Komponenten von Strukturen oder Unions können *Bitfelder* sein. Das sind ganzzahlige Variablen, die aus einer bestimmten Anzahl von Bits bestehen. Die Deklaration eines Bitfelds hat folgende Form:

Syntax: *typ [bezeichner] : breite;*

Dabei ist *typ* entweder `_Bool`, `int` (= `signed int`) oder `unsigned int`, *bezeichner* der optionale Name des Bitfelds und *breite* die Anzahl von Bits, die das Bitfeld im Speicher belegt.

Besitzt ein Bitfeld keinen Namen, kann es nicht angesprochen werden. Namenlose Bitfelder werden eingesetzt, um nachfolgende Bitfelder im Speicher auf eine bestimmte Position in einem Rechnerwort auszurichten.

Die Breite eines Bitfelds darf die eines Rechnerworts nicht überschreiten. Ist in einem Wort noch genügend Platz vorhanden, schließt ein nachfolgendes Bitfeld unmittelbar an den Vorgänger an. Die Breite `0` hat eine besondere Bedeutung: Das nachfolgende Bitfeld wird auf die nächste Wortgrenze ausgerichtet.

Beispiel:

```
struct { unsigned int  b0_2 : 3;
         signed   int  b3_7 : 5;
         unsigned int       : 7;
         unsigned int  b15  : 1;
       } var;
```

Die Strukturvariable var belegt dann mindestens zwei Byte = 16 Bits. Diese sind in vier Bitfelder aufgeteilt: `var.b0_2` spricht die unteren drei Bits an, `var.b3_7` die Bits 3 bis 7 und `var.b15` das 15. Bit. Die dritte Komponente hat keinen Namen und dient dazu, eine Lücke von 7 Bits zu erzeugen:

	b15	(unbenutzt)	b3_7	b0_2
Bitpositionen:	15	14 13 12 11 10 9 8	7 6 5 4 3	2 1 0

Bitfelder vom Typ `unsigned int` werden ohne Vorzeichen interpretiert, Bitfelder vom Typ `signed int` mit Vorzeichen (im Zweier-Komplement). Im obigen Beispiel kann `var.b0_2` Werte im Bereich von 0 bis 7 speichern und `var.b3_7` Werte im Bereich von –16 bis 15.

Beim Arbeiten mit Bitfeldern ist noch Folgendes zu beachten:

- Auf ein Bitfeld kann der Adressoperator nicht angewendet werden (wohl aber auf die Strukturvariable, die die Bitfelder enthält).
- Es kann zu Problemen bei der Portierung von C-Programmen kommen, da die Interpretation der Bits innerhalb eines Worts maschinenabhängig ist.

Vektoren

Vektoren (engl. *Arrays*) werden benutzt, um große Mengen von Daten desselben Typs zu verwalten. Die Elemente eines Vektors dürfen in C einen beliebigen Datentyp haben. Bei der Definition eines Vektors werden der *Vektorname*, der *Typ* und die *Anzahl* der Vektorelemente festgelegt.

Beispiel: `char zeile[81];`

Der Vektor `zeile` besteht also aus 81 Elementen vom Typ `char`. `zeile` selbst hat den abgeleiteten Typ »Vektor mit Elementen vom Typ `char`« oder kurz »`char`-Vektor«.

Bei einem global oder statisch definierten Vektor muss die Anzahl Vektorelemente (= Länge des Vektors) ein konstanter Ausdruck sein. C99 ermöglicht für die Länge eines Vektors, der in einem Block nicht statisch definiert wird, einen beliebigen ganzzahligen Ausdruck mit positivem Wert anzugeben. Man spricht in dem Fall auch von einem *Vektor variabler Länge*. Strukturen und Unions dürfen jedoch keine Vektoren variabler Länge enthalten.

Ein Vektor belegt immer einen *zusammenhängenden* Speicherbereich. Die Größe des Vektors `zeile` ist daher:

```
sizeof(zeile) = 81 * sizeof(char) = 81 Byte
```

Die einzelnen Vektorelemente werden mit einem Index angesprochen, der in C stets bei 0 beginnt. Die 81 Elemente des Vektors zeile sind also zeile[0], zeile[1], ... , zeile[80].

Als Index kann jeder int-Ausdruck verwendet werden. Der Programmierer muss aber selbst darauf achten, dass zur Laufzeit des Programms der Index den zulässigen Wertebereich nicht verlässt.

Ein *String*, auch Zeichenkette genannt, ist eine zusammenhängende Folge von Zeichen vom Typ char, die mit dem Null-Zeichen '\0' abschließt. Die Länge eines Strings ist die Anzahl der Zeichen ohne das String-Endezeichen '\0'. Ein String wird in einem char-Vektor gespeichert, der daher mindestens ein Byte länger sein muss als der String.

Ein *wide-String* besteht aus Zeichen vom Typ wchar_t, char16_t oder char32_t und dem wide-String-Endezeichen L'\0', u'\0' bzw. U'\0'. Die Länge eines wide-Strings ist die Anzahl der Zeichen im String ohne das String-Endezeichen.

Beispiel:
```
wchar_t wstr[20] = L"Mister Fang";    // Länge 11
```

Ein *mehrdimensionaler Vektor* ist in C ein eindimensionaler Vektor, dessen Elemente (n-1)-dimensionale Vektoren sind.

Beispiel:
```
short punkt[50][20][10];
```

Der dreidimensionale Vektor punkt besteht also aus 50 Elementen, die ihrerseits zweidimensionale Vektoren sind. Insgesamt werden 50*20*10 = 10.000 Elemente vom Typ short definiert, wobei jedes durch drei Indizes eindeutig identifizierbar ist:

Beispiel:
```
punkt[0][0][9] = 7; // Dem Punkt mit den Koordinaten
                    // (0,0,9) den Wert 7 zuweisen.
```

Am häufigsten sind zweidimensionale Vektoren, die auch *Matrizen* genannt werden. Die Elemente einer Matrix kann man sich in Zeilen (1. Index) und Spalten (2. Index) angeordnet vorstellen.

In C besteht ein enger Zusammenhang zwischen *Vektoren und Zeigern*: Der Name eines Vektors wird in allen Ausdrücken in einen Zeiger auf das erste Element des Vektors umgewandelt. Eine Ausnahme bildet der sizeof-Operator: Angewendet auf einen Vektor, liefert er nicht die Größe eines Zeigers, sondern die Anzahl Bytes, die der Vektor belegt. Nach der Deklaration

Beispiel: `char msg[] = "Hello, world!";`

zeigt der Vektorname `msg` auf das Zeichen `'H'`, d.h., `msg` ist äquivalent zu `&msg[0]`. In einer Anweisung wie

Beispiel: `puts(msg);     // String auf dem Bildschirm ausgeben`

wird deshalb der Funktion `puts()` nur die Anfangsadresse des Strings übergeben. Die Ausgabe endet, sobald das Endezeichen `'\0'` erreicht ist.

Die Initialisierung eines Vektors erfolgt durch eine Initialisierungsliste, die für die einzelnen Vektorelemente konstante Anfangswerte enthält. Der Typ der Anfangswerte muss in den Typ der Vektorelemente konvertierbar sein.

Beispiel: `double x[3] = { 0.0, 0.5, 1.0 };`

Nach dieser Definition hat also `x[0]` den Wert `0.0`, `x[1]` den Wert `0.5` und `x[2]` den Wert `1.0`. Ist die Länge des Vektors größer als die Anzahl der Werte in der Liste, werden die restlichen Vektorelemente mit `0` vorbelegt. Im umgekehrten Fall werden die überzähligen Werte ignoriert.

Die Länge des Vektors muss aber nicht angegeben werden:

Beispiel: `double x[] = { 0.0, 0.5, 1.0 };`

In diesem Fall wird die Länge des Vektors durch die Anzahl der Werte in der Initialisierungsliste bestimmt.

Ist der Vektor mit automatischer Lebensdauer deklariert, können die Werte in der Initialisierungsliste auch Variablen sein.

In der Initialisierungsliste eines Vektors können Elementbezeichner (engl. *Element Designators*) angegeben werden, um direkt bestimmte Elemente zu initialisieren. Ein Elementbezeichner hat die Form `[index]`, wobei `index` ein ganzzahliger konstanter Ausdruck ist.

Beispiel:

```
#define SIZE 50
int vek[SIZE] = { 7, 8, [SIZE/2] = 7, 8};
```

Hier werden die Vektorelemente mit den Indizes 0 und 25 mit 7 initialisiert. Die Vektorelemente mit den Indizes 1 und 26 erhalten den Anfangswert 8. Die übrigen Vektorelemente werden mit 0 vorbelegt. Wie dieses Beispiel auch zeigt, werden Initialisierer ohne Elementbezeichner dem Nachfolger des zuvor initialisierten Elements zugeordnet.

Die Initialisierung eines Vektors variabler Länge in der Definition ist nicht möglich.

Die Initialisierung eines char-Vektors ist durch eine String-Konstante möglich:

```
char str[] = "abc";
```

Hier werden 4 Byte reserviert und initialisiert, was äquivalent ist zu:

```
char str[] = { 'a', 'b', 'c', '\0' } ;
```

Die Initialisierung eines wide-Strings durch eine wide-String-Konstante ist ebenfalls möglich.

Bei der *Initialisierung eines mehrdimensionalen Vektors* müssen alle Dimensionen angegeben werden mit Ausnahme der ersten. Im Fall eines zweidimensionalen Vektors kann also die Angabe der Zeilenzahl entfallen.

```
char error_msg[][40] = {"Fehler beim Öffnen der Datei!",
                        "Fehler beim Lesen der Datei!",
                        "Fehler beim Schreiben!"};
```

Der Vektor error_msg besteht also aus drei Zeilen, die jeweils eine Fehlermeldung enthalten.

In der Initialisierungsliste eines mehrdimensionalen Vektors können auch mehrdimensionale Elementbezeichner (engl. *Multidimensional Element Designators*) angegeben werden.

Beispiel: `int mat[3][3] = { [0][0] = 1, [1][1] = 1, [2][2]= 1};`

Hier wird eine Matrix mit drei Zeilen und drei Spalten definiert. Nur die Elemente in der Diagonale (das sind die Elemente mit gleichen Indizes) werden auf 1 gesetzt. Die übrigen Elemente werden mit 0 initialisiert.

Wird ein Vektor mit automatischer Lebensdauer in der Definition nicht initialisiert, haben die Elemente des Vektors undefinierte Werte. Die Elemente eines statischen Vektors werden mit 0 initialisiert.

Zeiger

Ein Zeiger repräsentiert die *Adresse* und den *Typ* einer Variablen oder Funktion. Ist beispielsweise x eine Variable, so ist &x ein Zeiger auf x.

Ein Zeiger verweist also auf eine Speicherstelle und gibt mit dem Typ gleichzeitig an, wie diese Speicherstelle zu interpretieren ist. Je nach Typ spricht man von einem Zeiger auf char, einem Zeiger auf int usw. oder auch kurz vom char-Zeiger, int-Zeiger usw.

Vektornamen und Ausdrücke wie &x sind *konstante Zeiger*. Dagegen zeigt eine Zeigervariable auf das Objekt, dessen Adresse sie gerade speichert. Eine Zeigervariable wird mit einem * vor dem Bezeichner deklariert.

Beispiel:

```
float  x, y, *pFloat;
pFloat = &x;       // pFloat auf x zeigen lassen.
```

Damit sind x, y Variablen vom Typ float, und pFloat ist eine Variable vom Typ float * (in Worten: Zeiger auf float). Durch die anschließende Zuweisung zeigt pFloat auf x.

Um Daten mithilfe eines Zeigers zu lesen oder zu schreiben, wird der *Verweisoperator* * benutzt: Ist ptr ein Zeiger, so ist *ptr das Objekt, auf das ptr zeigt.

Beispiel:

```
y = *pFloat;      //  äquivalent mit  y = x;
```

Da pFloat auf x zeigt, ist der Ausdruck *pFloat wie die Variable x selbst zu verwenden. Natürlich darf der Verweisoperator * nur auf Zeiger angewendet werden, die eine gültige Adresse repräsentieren.

Ein Zeiger mit dem Wert 0 heißt *Null-Zeiger*. Er hat in C eine besondere Bedeutung: Alle Objekte und Funktionen haben eine von 0 verschiedene Adresse, sodass ein Null-Zeiger stets eine ungültige Adresse darstellt. Funktionen, die einen Zeiger liefern, verwenden daher den Null-Zeiger, um eine erfolglose Aktion anzuzeigen. In *stdio.h*, *stddef.h* und anderen Header-Dateien ist `NULL` als konstanter Null-Zeiger definiert.

`void`-Zeiger haben den Typ `void*` und repräsentieren eine Speicheradresse, aber keinen Typ. `void`-Zeiger können auch Null-Zeiger sein. Sie werden vor allem von Funktionen verwendet, die mit unterschiedlichen Objektzeigern umgehen müssen, wie beispielsweise die Funktion `malloc()`. Vor einem Speicherzugriff muss ein `void`-Zeiger in einen konkreten Objektzeiger konvertiert werden. `void`-Zeiger können mit jedem Objektzeiger initialisiert werden, sofern dieser nicht mehr Typqualifizierer besitzt.

Alle anderen Zeigervariablen können wie folgt initialisiert werden:

- Durch eine Null-Zeiger-Konstante.
- Durch einen Zeiger desselben Typs oder desselben Typs mit weniger Typqualifizierern.
- Durch einen `void`-Zeiger, falls die Zeigervariable kein Funktionszeiger ist. Die Zeigervariable darf auch hier mehr Typqualifizierer besitzen als der `void`-Zeiger.

Beispiel:

```
char *p_char = NULL;        // Null-Zeiger-Konstante
int x = 7;
int * p_int = &x;           // int-Zeiger
int * const cp_int = &x;    // konstanter int-Zeiger
```

Der Zeiger `p_int` zeigt auf `x`. Sein Typ »Zeiger auf `int`« hat weniger Typqualifizierer als der Typ »konstanter Zeiger auf `int`« der Zeigervariablen `cp_int`.

Zeigervariablen, die keine automatische Lebensdauer haben, müssen mit konstanten Werten initialisiert werden, wie z.B. der Adresse eines Objekts, dem Namen eines Vektors oder dem Namen einer Funktion.

Zeigervariablen mit automatischer Lebensdauer, die in der Vereinbarung nicht initialisiert werden, haben undefinierte Werte. Alle anderen nicht initialisierten Zeigervariablen werden als Null-Zeiger initialisiert.

Jede Zeigervariable auf ein Objekt belegt gleich viel Speicherplatz, unabhängig vom Typ des Objekts. Zur Speicherung einer Adresse werden in der Regel 2 oder 4 Byte benötigt.

In komplexen Zeigerdeklarationen ist es manchmal nötig, Klammern zu setzen.

Beispiel:
```
long arr[10];        // Vektor v mit 10 Elementen
long (*pArr)[10];    // ein Zeiger pArr auf einen
                     // derartigen Vektor
```

Hingegen würde mit `long *pArr[10];` ein Vektor mit zehn `long`-Zeigern definiert. Die Klammern sind immer notwendig, wenn Zeiger auf Vektoren oder Funktionen deklariert werden.

Zeigerarithmetik

Mit Zeigern sind zwei *arithmetische Operationen* möglich:

- Die Addition (bzw. Subtraktion) einer ganzen Zahl zu einem Zeiger.
- Die Subtraktion von zwei Zeigern gleichen Typs.

Diese Operationen sind in der Regel nur sinnvoll, wenn die verwendeten Zeiger auf Elemente eines Vektors verweisen. Bei arithmetischen Operationen mit Zeigern wird automatisch die Größe der Objekte berücksichtigt:

Beispiel:
```
int a[3] = {0,10,20}; // Ein Vektor mit drei
                      // Elementen.
int *pa = a;          // pa auf a[0] zeigen lassen.
```

Da `pa` ein Zeiger auf `a[0]` ist, zeigt `pa+1` auf das nächste Vektorelement `a[1]`, also `sizeof(int)` Byte weiter. Als Vektorname ist a ebenfalls ein Zeiger auf `a[0]`, d.h., auch `a+1` zeigt auf `a[1]`.

Für eine beliebige ganze Zahl `i` sind daher folgende Ausdrücke äquivalent:

Beispiel:
```
&a[i] , a+i , pa+i  // Zeiger auf i-tes Vektorelement
```

Auf der Werteebene sind dann äquivalent:

Beispiel:
```
a[i] , *(a+i) , *(pa+i) , pa[i]  // i-tes
                                 // Vektorelement
```

Ein Zeiger kann also wie ein Vektor behandelt werden: pa[i] und *(pa+i) sind äquivalent. Im Unterschied zu einem Vektornamen ist pa aber kein konstanter Zeiger.

Beispiel:
```
pa = a+2;       // pa auf a[2] zeigen lassen
int n = pa-a;   // n = 2
```

Die Subtraktion zweier Zeiger liefert die Anzahl der Vektorelemente zwischen den Zeigern. Beispielsweise liefert der Ausdruck pa-a den int-Wert 2, da zuvor pa auf a[2] gesetzt wurde. Dieser ganzzahlige Wert hat den Typ ptrdiff_t, der in *stddef.h* gewöhnlich als int definiert ist.

Die Addition von zwei Zeigern ist nicht sinnvoll und daher nicht zulässig. Dagegen ist es möglich, zwei Zeiger desselben Typs zu vergleichen, wie das nachfolgende Beispiel zeigt.

Beispiel:
```
// Die Elemente eines Vektors formatiert ausgeben.
#define  LEN  10
float zahlen[LEN], *pz;
    . . .
for( pz = zahlen; pz < zahlen+LEN; ++pz)
   printf("%16.4f", *pz);
```

Typqualifizierer und Typdefinitionen

Die Schlüsselwörter const und volatile dienen dazu, in Deklarationen den Typ eines Objekts weitergehend festzulegen.

Der Typqualifizierer const bewirkt, dass ein Objekt nach seiner Deklaration vom Programm nicht mehr verändert werden darf.

Beispiel:
```
const double pi = 3.1415927;
```

Anweisungen wie pi = pi+1; sind also unzulässig und erzeugen eine Fehlermeldung des Compilers.

Der Typqualifizierer `volatile` wird für Variablen benutzt, die nicht nur durch das Programm selbst, sondern auch durch andere Prozesse veränderbar sind. Diese Information benötigt der Compiler beispielsweise, um den Zugriff auf die Variable *nicht* zu optimieren.

Die Qualifizierer `volatile` und `const` können auch kombiniert werden:

Beispiel:

```
extern const volatile unsigned  clock_ticks;
```

Nach dieser Deklaration kann `clock_ticks` zwar nicht durch das Programm selbst verändert werden, wohl aber durch einen anderen Prozess, z.B. durch eine Serviceroutine für die Hardwareuhr.

Typqualifizierer werden in der Regel dem Typbezeichner vorangestellt. Bei Zeigern ist jedoch zu unterscheiden, ob der Typqualifizierer für den Zeiger oder für das adressierte Objekt gilt. Soll der Typqualifizierer für den Zeiger gelten, muss er unmittelbar vor dem Bezeichner stehen.

Am häufigsten werden »Zeiger auf konstante Objekte« verwendet. Diese können zwar auch auf nicht konstante Objekte verweisen, dürfen aber nur lesend darauf zugreifen. Deshalb heißen diese Zeiger auch »Read-only-Zeiger«.

Beispiel:

```
int var1 = 1, var2 = 2, *ptr;
const int cArr[2];
const int *ptrToConst;    // Read-only-Zeiger auf int.
```

Dann sind folgende Anweisungen zulässig:

```
ptrToConst = &cArr[0];    // An ptrToConst
++ptrToConst;             // neue Werte zuweisen.
ptrToConst = &var1;
var2 = *ptrToConst;       // Lesender Zugriff.
```

Folgende Anweisungen sind nicht zulässig:

```
ptr = ptrToConst; // Read-only bleibt read-only.
*ptrToConst = 5;  // Kein schreibender Zugriff!
```

Ein *konstanter Zeiger* muss in der Vereinbarung initialisiert werden, da er später nicht mehr geändert werden kann.

Beispiel:

```
int x = 7;
int *const int_ptr = &x;  // Konstanter Zeiger auf int.
*int_ptr = 9;             // Okay: Referenzierte Variable.
                          //       x ändern.
++int_ptr;                // Fehler: Konstanter Zeiger.
                          // Kann nicht geändert werden!
```

Wie das Beispiel zeigt, kann ein konstanter Zeiger das referenzierte Objekt ändern. Der Wert des Zeigers kann jedoch nicht verändert werden. Das ist der Unterschied zu einem Read-only-Zeiger, der nur lesend auf ein Objekt zugreifen kann, dessen Wert jedoch geändert werden kann.

restrict

Mit C99 wurde das Schlüsselwort `restrict` eingeführt, das nur auf Zeiger angewendet werden kann. Verweist ein als `restrict` deklarierter Zeiger auf ein Objekt, das verändert wird, ist der Zugriff auf das Objekt nur über diesen Zeiger zulässig. Das muss vom Programmierer sichergestellt werden! Diese Information ermöglicht dem Compiler weitergehende Optimierungen.

Beispiel:

```
void *memcpy(void * restrict dest,      // Ziel
             const void* restrict src, // Quelle
             size_t n);
```

Beim Aufruf der Standardfunktion `memcpy()`, die einen Speicherblock der Größe `n` Byte kopiert, muss der Programmierer selbst darauf achten, dass sich die Quell- und Zielbereiche nicht überlappen.

typedef

Mit dem Schlüsselwort `typedef` wird einem Typ ein neuer Name gegeben.

Beispiele:

```
typedef unsigned char UCHAR;
typedef struct { double x, y} Punkt;
```

Der Bezeichner `UCHAR` kann anschließend als Abkürzung für den Typ `unsigned char` benutzt werden, der Bezeichner `Punkt` für den entsprechenden Strukturtyp.

Beispiele:

```
UCHAR  c1, c2, tab[100];
Punkt  dot, *pDot;
```

In einer typedef-Deklaration ist der deklarierte Bezeichner der neue Typname. Ohne das Wort typedef würde eine Variable und kein Typname deklariert werden.

Eine typedef-Deklaration darf keine Speicherklassenspezifizierer oder Initialisierer enthalten. Auch ist der Spezifizierer _Alignas nicht erlaubt.

Funktionen

Jedes C-Programm enthält mindestens die Funktion main(), die das steuernde Hauptprogramm bildet. Jede andere Funktion entspricht einem Unterprogramm.

Die Definition einer Funktion legt fest, welche Anweisungen die Funktion ausführt. Wird eine Funktion vor ihrem Aufruf nicht in derselben Übersetzungseinheit definiert, muss sie deklariert werden. Die Deklaration einer Funktion informiert den Compiler über den Typ des Return-Werts.

Beispiel:

```
extern double pow();
```

Damit wird pow() als Funktion deklariert, die einen double-Wert zurückgibt. Da Funktionsnamen standardmäßig externe Symbole sind, kann der Speicherklassenspezifizierer extern auch weggelassen werden.

Die implizite Deklaration einer Funktion ist seit C99 nicht mehr möglich. Früher konnte eine nicht deklarierte Funktion aufgerufen werden. Der Compiler nahm dann implizit an, dass die Funktion einen int-Wert liefert.

Die vorstehende Deklaration der Funktion pow()macht über die Anzahl und den Typ der Parameter keine Aussage. Daher kann der Compiler nicht überprüfen, ob bei einem Funktionsaufruf die Argumente richtig angegeben wurden. Dieser Mangel wird durch die Angabe eines Prototyps behoben.

Prototyp von Funktionen

Ein Funktionsprototyp ist die Deklaration einer Funktion, in der nicht nur der Return-Wert, sondern auch die Parameter der Funktion deklariert werden.

Beispiel: `double pow( double, double); // Prototyp von pow()`

Damit erhält der Compiler die Information, dass die Funktion `pow()` zwei Argumente vom Typ `double` erwartet und einen Return-Wert vom Typ `double` liefert. Jedem Parametertyp darf ein Parametername folgen, der jedoch nur die Bedeutung eines Kommentars hat.

Beispiel: `double pow(double base, double exponent);`

Funktionen, die keinen Return-Wert liefern, werden als `void` deklariert:

```
void func1( char *str);    // func1 erwartet als Ar-
                           // gument einen String und
                           // hat keinen Return-Wert.
```

Bei Funktionen ohne Parameter wird die Parameterliste als `void` deklariert:

```
int  func2( void);      // func2 erwartet kein Argument
                        // und gibt einen int-Wert zurück.
```

Die Deklaration einer Funktion sollte nur noch als Prototyp erfolgen. Jede Standardfunktion ist in einer der Standard-Header-Dateien deklariert. Beispielsweise enthält *math.h* die Prototypen der mathematischen Funktionen (z.B. `sin()`, `cos()`, `pow()` ...) und *stdio.h* die Prototypen der Standardfunktionen für die Ein- und Ausgabe.

Definition von Funktionen

Die allgemeine Form der Definition einer Funktion ist:

```
[speicherklasse][typ] name([deklarationsliste]) // Funktionskopf
{
   /* Deklarationen, Anweisungen */              // Funktionsblock
}
```

speicherklasse
: ist einer der Speicherklassenspezifizierer `extern` oder `static`. Da `extern` die Voreinstellung ist, wird in der Regel kein Speicherklassenspezifizierer angegeben.

typ
: ist der Typ des zurückgegebenen Werts. Das ist entweder `void` oder ein beliebiger Datentyp mit Ausnahme eines Vektortyps.

name
: ist der Funktionsname.

deklarationsliste
: enthält die Deklarationen der Parameter. Wenn die Funktion keine Parameter besitzt, ist die Liste leer oder enthält nur den Typspezifizierer `void`.

Beispiele:

```
long summe(int v[],int len)// Summe der ersten len
{                          // Elemente des Vektors
  long ergebnis = 0;       // berechnen.
  for( int i = 0;  i < len;  ++i)
     ergebnis += (long)v[i];
  return ergebnis;
}
```

Da *Funktionsnamen* standardmäßig externe Symbole sind, können die Funktionen eines Programms auf verschiedene Quelldateien verteilt und innerhalb einer Quelldatei beliebig hintereinander angeordnet werden.

Funktionen, die als `static` deklariert sind, haben einen »privaten« Charakter: Sie können nur in dem Modul aufgerufen werden, in dem sie definiert sind. Die Definition lokaler Funktionen ist nicht möglich, d.h., eine Funktion darf nicht innerhalb einer anderen Funktion definiert werden.

Die *Parameter* einer Funktion sind ganz gewöhnliche lokale Variablen. Sie erhalten beim Aufruf der Funktion die Werte der übergebenen Argumente.

Die *Anweisungen des Funktionsblocks* legen fest, was die Funktion tut. Wird bei der Ausführung eine `return`-Anweisung oder das Ende des Funktionsblocks erreicht, verzweigt das Programm in die aufrufende Funktion zurück. Der Wert des Ausdrucks in der `return`-Anweisung wird, falls vorhanden, in den `return`-Typ der Funktion konvertiert.

Eine Funktion heißt *rekursiv*, wenn sie sich direkt oder indirekt selbst aufruft. In C ist die Definition rekursiver Funktionen möglich, da automatische Variablen mit jedem Funktionsaufruf auf dem Stack neu erzeugt werden.

Die obige Form eines Funktionskopfs entspricht dem sogenannten *Prototyp-Stil*. Die Compiler unterstützen aber auch noch den traditionellen *Kernighan-Ritchie-Stil*, der die Liste der Parameternamen und ihre Deklaration trennt.

Beispiel:

```
long summe( v, len)      // Liste mit Parameternamen
int v[], len;            // Deklaration der Parameter
{ ... }                  // Funktionsblock
```

Nicht zurückkehrende Funktionen

Standardfunktionen wie z.B. `exit()` und `abort()` beenden ein Programm und kehren nicht zur aufrufenden Funktion zurück. Seit C11 können solche Funktionen auch selbst definiert werden. Hierfür steht das Schlüsselwort `_Noreturn` zur Verfügung.

Beispiel:

```
_Noreturn void myAbort(char* ms)
 { fprintf( stderr, "%s\n", ms); abort();}
```

Nach dem Aufruf

```
myAbort("Bye, bye! ");
```

wird die Nachricht `Bye, bye!` ausgegeben, dann die Fehlermeldung der Funktion `abort()`, und das Programm wird sofort beendet.

Beim Einsatz von *nicht zurückkehrenden Funktionen* kann der Compiler Optimierungen ausführen: Er braucht weder eine Rücksprungadresse noch Inhalte von CPU-Registern auf dem Stack zu sichern. Falls in einer nicht zurückkehrenden Funktion eine `return`-Anweisung steht, gibt der Compiler eine Warnung aus.

In der Header-Datei *stdnoreturn.h* ist das Makro `noreturn` definiert, das anstelle des Schlüsselworts `_Noreturn` verwendet werden kann.

inline-Funktionen

C99 bietet die Möglichkeit, Funktionen *inline* zu definieren. Den Code einer `inline`-Funktion fügt der Compiler direkt an die Stelle ihres Aufrufs ein. Dies beschleunigt die Programmausführung, da kein Unterprogrammsprung stattfindet. Bei der *Definition* einer `inline`-Funktion wird dem Funktionskopf das Schlüsselwort `inline` vorangestellt.

Beispiel:

```
inline int max( int x, int y)
{ return (x >= y ? x : y ); }
```

Enthält eine `inline`-Funktion zu viele Anweisungen, kann der Compiler das Schlüsselwort `inline` ignorieren und eine »normale« Funktion erzeugen.

Eine `inline`-Funktion muss in der Übersetzungseinheit definiert sein, in der sie später aufgerufen wird: Der Compiler muss den Anweisungsblock »sehen«. Im Gegensatz zu einer »normalen« Funktion ist es deshalb möglich und sinnvoll, eine `inline`-Funktion in einer Header-Datei zu definieren.

`inline`-Funktionen sind eine Alternative zu Makros mit Parametern. Beim Aufruf eines Makros nimmt der Präprozessor lediglich einen Textersatz vor. Dagegen verhält sich eine `inline`-Funktion wie eine normale Funktion, allerdings ohne den Hin- und Rücksprung. So überprüft der Compiler z. B. den korrekten Aufruf.

Aufruf von Funktionen

Der Aufruf einer Funktion ist ein Ausdruck, der den Wert und den Typ ihres Return-Werts besitzt.

Beim Aufruf einer Funktion ist es wichtig, dass die Anzahl und der Typ der Argumente mit denen der formalen Parameter übereinstimmen. Als Argument kann ein beliebiger Ausdruck angegeben werden, z. B. auch eine Konstante oder ein arithmetischer Ausdruck. In jedem Fall wird der *Wert* des Ausdrucks in den entsprechenden Parameter der Funktion *kopiert*!

Beispiel:

```
double x=0.5, y, pow(); // Deklaration
y = pow(1.0+x, 2.5);    // Aufruf von pow() liefert
                        // den double-Wert (1.0+x)^2.5
```

Die Übergabe von Werten wird auch *call by value* genannt. Dabei kann die aufgerufene Funktion natürlich nicht den Wert der Argumente in der aufrufenden Funktion verändern, da mit Kopien der Argumente gearbeitet wird.

Soll der Wert einer Variablen geändert werden, muss als Argument die *Adresse* der Variablen übergeben werden: Dieser *call by reference* ist ebenfalls möglich. Beispiele dafür sind die Funktionen `scanf()`, `time()` und alle Funktionen, die als Argument einen Vektor erwarten.

Beispiel:.

```
double swap(double* px, double* py)
{ double z = *px, *px = *py; *py = z; }
```

Auch Argumente einer Funktion werden implizit umgewandelt:

- Wurde ein Prototyp angegeben (Normalfall), wird jedes Argument wie bei einer Zuweisung in den Typ des entsprechenden Parameters konvertiert.
- Wurde kein Prototyp angegeben, wird für jedes Argument die Ganzzahlerweiterung durchgeführt. Argumente vom Typ `float` werden zu `double` konvertiert.

Vektoren als Argumente von Funktionen

Wenn eine Funktion einen Vektor als Argument erwartet, kann der entsprechende Parameter wie folgt deklariert werden:

```
typ name[]       // Vektornotation
```

Bei einem Funktionsaufruf wird ein Vektorname automatisch in einen Zeiger auf das erste Element des Vektors umgewandelt. Daher ist die vorhergehende Parameterdeklaration äquivalent mit folgender Deklaration.

```
typ *name        // Zeigernotation
```

Da der Parameter in jedem Fall eine Zeigervariable ist, kann ihr Wert verändert werden.

Beispiel:

```
double minimum(const double arr[], int len)
{
   double temp = *arr;             // arr[0]
   const double *end = arr + len;
   for( ++arr ; arr < end; ++arr)
      if( *arr < temp)
         temp = *arr;
   return temp;
}
```

Hier ist `arr` ein Read-only-Zeiger. Er durchläuft einen Vektor der Länge `len`, um den kleinsten Wert im Vektor zu bestimmen.

In Zeigernotation kann die Funktion auch wie folgt definiert werden:

```
double minimum( const double *arr, int len)
{  /* Funktionsrumpf bleibt unverändert */ }
```

In einer Parameterdeklaration hat die Vektornotation zwei Besonderheiten: Innerhalb der eckigen Klammern `[]`

- können die Typqualifizierer `const`, `volatile` und `restrict` angegeben werden,
- kann der Speicherklassenspezifizierer `static` zusammen mit einem konstanten Ausdruck angegeben werden. Beim Aufruf der Funktion muss die Anzahl der Vektorelemente dann mindestens gleich dem Wert des konstanten Ausdrucks sein.

Beispiel:

```
double calc( double arr[const static 10])
{  /* . . . */ }
```

Hier wird `arr` als konstanter Parameter deklariert, der auf das erste von mindestens `10` Vektorelementen verweist. Der Zeiger `arr` kann also nicht verändert werden.

Im Fall mehrdimensionaler Vektoren sind in einer Parameterdeklaration alle Dimensionen als konstante Zahl anzugeben mit Ausnahme der ersten. Bei einer zweidimensionalen Matrix muss also die Anzahl der Spalten angegeben werden.

Beispiel:

```
#define COLS 5              // Anzahl Spalten
// ...
void showMatrix(const int mat[][COLS], int rows)
{
   for( int r = 0;  r < rows;  ++r)
   {
      for( int c = 0;  c < COLS;  ++c)
         printf("%6d", mat[r][c]);
      putchar('\n');
   }
}
```

Hier werden die Elemente einer Matrix ausgegeben. Der Parameter `mat` ist ein Zeiger auf die erste Zeile, ein Vektor mit COLS-int-Elementen.

Parameter können auch als *Vektoren variabler Länge* deklariert werden. In den eckigen Klammern steht dann ein ganzzahliger nicht konstanter Ausdruck mit einem positiven Wert. Auch in diesem Fall ist der Parameter ein Zeiger auf das erste Vektorelement. Im Fall mehrdimensionaler Vektoren können dann alle Dimensionen variabel sein.

Beispiel:

```
// Version mit Vektoren variabler Länge.
void showMatrix(int rows, int cols,
                const int mat[rows][cols])
{
  // Wie zuvor mit dem Unterschied,
  // dass COLS durch cols ersetzt wird.
}
```

Im Prototyp einer Funktion, die Vektoren variabler Länge als Parameter besitzt, kann das Zeichen * anstelle der Längenangabe für einen Vektor verwendet werden. Folgende Deklarationen der Funktion `showMatrix()` sind daher äquivalent:

Beispiel:

```
void showMatrix(int rows, int cols, const int
mat[rows][cols])
void showMatrix(int rows, int cols, const int mat[][cols])
void showMatrix(int rows, int cols, const int mat[][*])
void showMatrix(int rows, int cols, const int mat[][*])
```

Funktionen mit variabler Anzahl von Argumenten

Funktionen, die mit einer variablen Anzahl von Argumenten aufgerufen werden können, erwarten stets eine feste Anzahl *obligatorischer* Argumente (mindestens eins) und eine variable Anzahl *optionaler* Argumente. Ein bekanntes Beispiel ist die Funktion `printf()`: Der Formatstring muss stets angegeben werden, die weiteren Argumente sind optional. Anhand der Formatelemente im Formatstring ermittelt `printf()`die Anzahl und den Typ der weiteren Argumente.

Bei der Deklaration von Parametern (im Funktionskopf und Prototyp) werden für optionale Argumente drei Punkte `...` eingesetzt.

Beispiel: `int printf( char *str, ... );     // Prototyp`

In der Definition einer Funktion erfolgt der Zugriff auf die optionalen Argumente durch einen *Argumentzeiger* vom Typ `va_list`. Dieser Typ und die Makros `va_start`, `va_arg`, `va_end` zur Behandlung des Argumentzeigers sind in der Header-Datei *stdarg.h* definiert.

Zum Lesen der optionalen Argumente sind folgende Schritte notwendig:

1. Es wird ein Argumentzeiger vom Typ `va_list` definiert. Dieser Zeiger wird hier mit `argptr` bezeichnet.
2. Mit dem Makro `va_start` wird der Argumentzeiger `argptr` auf das erste optionale Argument gesetzt. Die Argumente von `va_start` sind der Argumentzeiger und der letzte obligatorische Parameter.
3. Mit dem Makro `va_arg` wird das optionale Argument gelesen, auf das `argptr` zeigt. Die Argumente von `va_arg` sind der Argumentzeiger und der Typ des zu lesenden optionalen Arguments.
4. Mit jedem Aufruf des Makros `va_arg` wird der Argumentzeiger auf das nächste optionale Argument gesetzt. Das Ergebnis von `va_arg` hat den im Aufruf angegebenen Typ.
5. Nach Auswertung der Argumente sollte der Argumentzeiger mit dem Makro `va_end` auf `NULL` gesetzt werden. Das Argument von `va_end` ist der Argumentzeiger.

Beispiel:

```
// Das Maximum von positiven Ganzzahlen bestimmen.
// Argumente: Variable Anzahl positiver Zahlen vom Typ
// unsigned int. Letztes Argument muss 0 sein.
// Return-Wert: Das Maximum.
#include <stdarg.h>
unsigned int max( unsigned int first, ... )
{
   unsigned int maxarg, arg;
   va_list argptr;          // Zeiger auf die
                            // optionalen Argumente.
   va_start(argptr,first);  // Zeiger argptr auf
                            // das erste optionale
                            // Argument setzen.
   arg = maxarg = first;
   while( arg != 0)
   {
     arg = va_arg(argptr,unsigned);  // Ein Argument
                                     // lesen.
     if( arg > maxarg)  maxarg = arg;
   }
   va_end(argpptr);          // Alle optionalen
                             // Argumente gelesen.
   return maxarg;
}
```

Bindung von Bezeichnern

Ein Bezeichner, der in verschiedenen Geltungsbereichen (zum Beispiel in verschiedenen Dateien) oder im selben Geltungsbereich mehr als einmal deklariert wird, kann sich auf dieselbe Variable oder Funktion beziehen. Diese sogenannte *Bindung* von Bezeichnern ist beispielsweise notwendig, wenn in verschiedenen Dateien dieselbe »globale« Variable verwendet werden soll.

Jeder Bezeichner besitzt eines der drei Bindungsattribute *externe*, *interne* oder *keine* Bindung. Ihre Bedeutung ist folgende:

Externe Bindung:
: Ein Bezeichner mit *externer Bindung* repräsentiert im gesamten Programm (also in allen Dateien und Bibliotheken des Programms) dasselbe Objekt oder dieselbe Funktion. Der Bezeichner wird dem Linker bekannt gegeben.

Nach einer erneuten Deklaration mit externer Bindung bezieht sich der Bezeichner auf dieselbe Variable oder Funktion. Eine derartige Deklaration wird auch *Referenzdeklaration* genannt.

Interne Bindung:

Ein Bezeichner mit *interner Bindung* repräsentiert innerhalb einer Übersetzungseinheit dasselbe Objekt oder dieselbe Funktion. Im Gegensatz zu einem Bezeichner mit externer Bindung wird der Bezeichner nicht dem Linker bekannt gegeben. Dadurch ergibt sich sein »privater« Charakter in einer Übersetzungseinheit. Bezeichner mit interner Bindung stehen also nicht im Konflikt mit gleichen Bezeichnern in anderen Übersetzungseinheiten.

Wenn ein Bezeichner mit interner Bindung in einer Übersetzungseinheit deklariert ist, kann in derselben Übersetzungseinheit kein Bezeichner gleichen Namens mit externer Bindung deklariert werden.

Keine Bindung:

Bezeichner, die weder eine externe Bindung noch eine interne Bindung besitzen, haben *keine Bindung*. Besitzt ein Bezeichner keine Bindung, wird durch eine neue Deklaration dieses Bezeichners auch etwas Neues deklariert, z.B. eine neue Variable oder ein neuer Datentyp.

Bezeichner ohne Bindung sind:

- Bezeichner, die keine Namen von Funktionen oder Variablen sind, wie Marken, Strukturnamen oder `typedef`-Namen.
- Parameter von Funktionen.
- Variablen, die innerhalb von Funktionen ohne den Speicherklassenspezifizierer `extern` deklariert sind.

Das Bindungsattribut eines Bezeichners wird durch seine Speicherklasse festgelegt, also durch die Position der Deklaration und des darin verwendeten Speicherklassenspezifizierers. Nur Bezeichner von Variablen und Funktionen können eine interne oder externe Bindung haben.

Tabelle 20: Bindungsarten von Bezeichnern

Bindung	Bezeichner mit dieser Bindung
externe	Bezeichner von Variablen, die entweder außerhalb von Funktionen ohne Speicherklassenspezifizierer oder an beliebiger Stelle mit dem Speicherklassenspezifizierer `extern` deklariert sind. Bezeichner von Funktionen, die ohne den Spezifizierer `static` definiert sind.
interne	Bezeichner von Funktionen und Variablen, die außerhalb von Funktionen mit dem Spezifizierer `static` deklariert sind.
keine	Alle anderen Bezeichner, z. B. Funktionsparameter.

Falls ein Bezeichner bereits mit interner Bindung deklariert wurde, kann eine erneute Deklaration im selben Geltungsbereich seine Bindung nicht in `extern` ändern.

Bei der Wahl *externer Namen* (Bezeichner mit externer Bindung) sind Einschränkungen zu beachten, die vom jeweiligen Linker abhängen: Einige Linker werten nur die ersten acht Zeichen eines Namens aus und unterscheiden nicht zwischen Groß- und Kleinbuchstaben.

Präprozessordirektiven

Jede Quelldatei wird vor der Kompilierung durch den Präprozessor bearbeitet. Dazu gehören das Entfernen von Kommentaren und das Ersetzen von Makros.

Jede Präprozessordirektive, also ein Befehl für den Präprozessor, beginnt mit dem Zeichen # in einer neuen Zeile. Genügt eine Zeile nicht, wird die Direktive mit einem Backslash \ am Zeilenende in der nächsten Zeile fortgesetzt.

#define

Mit der `#define`-Direktive werden Makros definiert.

Syntax: `#define` *`name`*`[(`*`Parameterliste`*`)] [`*`Ersatztext`*`]`

Der Präprozessor ersetzt überall im nachfolgenden Programmtext *name* bzw. *name*(*Parameterliste*) durch *Ersatztext*. Leer- und Tabulatorzeichen vor dem Zeichen # bzw. vor und nach dem Ersatztext werden ignoriert. Der Ersatztext kann auch leer sein.

Beispiele:

```
#define BUF_SIZE 512       // symbolische Konstante
#define MAX(a,b)  ((a) > (b) ? (a) : (b))
```

Hier werden die Makros `BUF_SIZE` und `MAX` definiert. Ist der Ersatztext ein konstanter Ausdruck, wird ein Makro auch *symbolische Konstante* genannt.

Die Klammern im obigen Beispiel sind notwendig, damit auch dann das richtige Ergebnis geliefert wird, wenn `MAX` in einem Ausdruck verwendet wird oder für die Parameter `a` und `b` komplexere Ausdrücke eingesetzt werden. Zum Beispiel ersetzt der Präprozessor den Aufruf

```
ergebnis = 2 * MAX(x, y & 0xFF);
```

durch die Erweiterung

```
ergebnis = 2 * ((x) > (y & 0xFF)? (x) : (y & 0xFF));
```

Makros können *geschachtelt* werden, d.h., ein zuvor definiertes Makro kann in weiteren Makrodefinitionen verwendet werden.

Beispiel:

```
#define ARRLEN 100
#define SIZE  ARRLEN * sizeof(long)
```

Hier wird das zuvor definierte Makro `ARRLEN` zur Definition des Makros `SIZE` eingesetzt.

Es ist möglich, Makros mit variabler Anzahl Parameter zu definieren. Am Ende der Parameterliste werden zu diesem Zweck drei Punkte als letzter Parameter angegeben, die für die optionalen Argumente stehen. Im Ersatztext repräsentiert der vordefinierte Bezeichner `__VA_ARGS__` die Liste aller optionalen Argumente. Das folgende Makro gibt einfach nur seine optionalen Argumente aus.

Beispiel:

```
#define showArgs(...) puts(#__VA_ARGS__)
```

Der Präprozessor ersetzt den Makroaufruf:

```
showArgs(Ein Test, 1, 2);
```

durch

```
puts(#__VA_ARGS__);
```

was folgende Makroerweiterung ergibt:

```
puts("Ein Test, 1, 2");
```

Die Anwendung des Präprozessoroperators # bewirkt, dass die durch Kommata getrennten optionalen Argumente in Anführungszeichen gesetzt werden und so als String der Funktion `puts()` übergeben werden können.

Der #-Operator

Dem Parameter eines Makros kann im Ersatztext der Operator # (engl. *Stringizing Operator*) vorangestellt werden. Beim Aufruf des Makros wird dann das Argument in Anführungszeichen gesetzt, also in einen String konvertiert.

Beispiel: `#define print_int(i) printf("Wert " #i " = %d", i)`

Sind x und y Variablen vom Typ `int`, erzeugt der Aufruf

```
print_int(x-y);
```

die Erweiterung

```
printf("Wert ""x-y"" = %d", x-y);
```

Da benachbarte String-Literale zusammengefügt werden, ergibt sich

```
printf("Wert x-y = %d", x-y);
```

Der ##-Operator

Ist dem Parameter eines Makros im Ersatztext der Operator ## (engl. *Token-past Operator*) voran- oder nachgestellt, zieht der Präprozessor die Zeichenfolgen links und rechts vom Operator zusammen. Leerzeichen vor und nach dem Operator ## werden einschließlich dem Operator entfernt. Entsteht dabei wieder ein Makroaufruf, wird auch dieses Makro erweitert.

Beispiel:

```
#define show(var,nr) \
        printf(#var #nr " = %.1f\n", var ## nr)
```

Hat die float-Variable x5 den Wert 16.4, ergibt der Aufruf

```
show( x, 5);
```

die Erweiterung

```
printf("x" "5" " = %.1f\n", x5); // Ausgabe: x5 = 16.4
```

#undef

Mit der #undef-Direktive wird eine Makrodefinition entfernt. Das ist notwendig, wenn entweder die Definition eines Makros geändert oder eine gleichnamige Funktion aufgerufen werden soll.

Syntax:

```
#undef name
```

Bei parametrisierten Makros ist die Parameterliste nicht anzugeben. Der Geltungsbereich eines Makros endet mit der ersten Direktive #undef für dieses Makro bzw. am Ende der entsprechenden Übersetzungseinheit, falls es keine #undef-Direktive gibt.

Beispiel:

```
#include <ctype.h>
#undef  toupper
// . . .
c = toupper(c); // Funktion toupper() aufrufen
```

#include

Die #include-Direktive kopiert die angegebene Datei in das Programm, wobei die #include-Direktive durch den Inhalt der Datei ersetzt wird.

Syntax:

```
#include  <dateiname>
#include  "dateiname"
```

Ist der Dateiname von den Zeichen < und > eingeschlossen, wird die Datei nur in festgelegten Verzeichnissen gesucht. Gewöhnlich sind die Suchpfade in der Umgebungsvariablen INCLUDE abgelegt.

Ist der Dateiname in Anführungszeichen gesetzt, wird die Datei zusätzlich im aktuellen Verzeichnis gesucht, und zwar als Erstes.

Der Name *dateiname* kann Pfadangaben enthalten. In diesem Fall wird nur in dem entsprechenden Verzeichnis gesucht.

Eine Include-Datei hat gewöhnlich die Endung *.h* und enthält Prototypen von Funktionen sowie Definitionen von Makros, `inline`-Funktionen und Typen, die in mehreren Dateien verwendet werden sollen.

Im folgenden Beispiel wird die Include-Datei mit einer symbolischen Konstanten ausgewählt.

Beispiel:

```
#include <stdio.h>
#include "project.h"

#if VERSION == 1
  #define  MYPROJ_H  "version1.h"
#else
  #define  MYPROJ_H  "version2.h"
#endif

#include MYPROJ_H
```

Eine Header-Datei darf weitere `#include`-Direktiven enthalten. So ist es allerdings möglich, dass eine Header-Datei mehrfach inkludiert wird.

Angenommen, die Header-Datei *myLib.h* enthält die Direktive

```
include <stdlib.h>
```

Dann inkludiert eine Quelldatei mit den Direktiven

```
#include <stdlib.h>
#include <myLib.h>
```

die Header-Datei *stdlib.h* zweimal.

Ein Programmierer muss sich aber nicht um Mehrfachinkludierungen kümmern, da gewöhnlich Header-Dateien selbst dafür sorgen, dass ihr Inhalt nicht mehrfach eingefügt wird. Zu diesem Zweck definieren Header-Dateien, insbesondere alle Standard-Header-Dateien, sogenannte *Header-Guards* und vermeiden so, dass beispielsweise Makros mehrfach definiert werden.

Die Implementierung eines Header-Guards erfolgt mithilfe der *bedingten Kompilierung*:

Beispiel:

```
#ifndef MYLIB_H
#define MYLIB_H

  ....        // Hier steht der eigentliche Inhalt
              // der Header-Datei mylib.h

#endif
```

Bei der ersten Inkludierung der Header-Datei *mylib.h* ist das Makro `MYLIB_H` noch nicht definiert. Daher wird das Makro `MYLIB_H` definiert und der eigentliche Inhalt der Header-Datei *mylib.h* eingefügt. Bei einer erneuten Inkludierung der Header-Datei *mylib.h* ist das Makro `MYLIB_H` bereits definiert, und es passiert nichts.

#if, #elif, #else, #endif

Diese Direktiven werden für die bedingte Kompilierung eingesetzt. Damit ist es möglich, nur bestimmte Teile einer Quelldatei zu übersetzen. Zum Beispiel kann ein Programm so an verschiedene Zielsysteme angepasst werden, ohne den Quellcode ändern zu müssen.

Syntax:

```
#if Ausdruck1
   [text1]
[#elif  Ausdruck2
   text2]
. . .

[#elif  Ausdruck(n)
   text(n)]
[#else
   text(n+1)]
#endif
```

Jede `#if`-Direktive muss mit einer `#endif`-Direktive enden. Dazwischen können beliebig viele `#elif`-Direktiven angegeben sein. Die `#else`-Direktive darf jedoch höchstens einmal vorkommen.

Der Präprozessor bewertet *`Ausdruck1`*, *`Ausdruck2`*, ... der Reihe nach. Beim ersten Ausdruck, der »wahr«, d.h. von `0` verschieden ist, wird der abhängige Text bearbeitet. Trifft keiner der Ausdrücke zu, wird die `#else`-Direktive ausgeführt. Fehlt diese, wird keiner der abhängigen Texte bearbeitet.

Ausdruck1, *Ausdruck2*, ... müssen konstante Ausdrücke ganzzahligen Typs sein. Alle Werte im jeweiligen Ausdruck mit bzw. ohne Vorzeichen haben den Typ `intmax_t` bzw. `uintmax_t`. Dies gilt auch für Zeichenkonstanten. Der Operator `defined` darf eingesetzt werden, der Cast-Operator allerdings nicht.

Der abhängige Text besteht aus Programmtext, also aus Präprozessordirektiven und gewöhnlichen C-Anweisungen. Texte, die der Präprozessor nicht bearbeitet, werden aus dem Quellcode entfernt.

Der defined-Operator

Mit dem Operator `defined` kann überprüft werden, ob ein Makro definiert ist.

Syntax: `defined` *name*

oder

`defined (`*name*`)`

Der Operator liefert einen von `0` verschiedenen Wert, wenn für *name* eine gültige Definition vorliegt, andernfalls den Wert `0`. Eine Definition mit der `#define`-Direktive ist so lange gültig, bis sie mit einer `#undef`-Direktive entfernt wird. Wurde in der `#define`-Direktive kein Ersatztext hinter *name* angegeben, handelt es sich trotzdem um eine gültige Definition.

In einer `#define`-Direktive darf der Operator `defined` nicht verwendet werden. Der `defined`-Operator wird typischerweise in einer `#if`- oder `#elif`-Direktive verwendet, wie etwa bei

Beispiel:

```
#if defined(VERSION)
   ....
#endif
```

Gegenüber der `#ifdef`- bzw. der `#ifndef`-Direktive hat der `defined`-Operator den Vorteil, dass der von ihm zurückgegebene Wert in einem Präprozessorausdruck weiterverwendet werden kann.

Beispiel:

```
#if defined(VERSION) && defined(STATUS)
   ....
#endif
```

#ifdef und #ifndef

Der Test, ob ein Makro definiert ist, kann auch mit der #ifdef- bzw. der #ifndef-Direktive durchgeführt werden.

Syntax:

```
#ifdef  name
#ifndef name
```

Die Direktive #ifdef liefert einen von 0 verschiedenen Wert – also »wahr« –, wenn *name* definiert ist, andernfalls den Wert 0. Die #ifndef-Direktive liefert dagegen »wahr«, wenn *name* nicht definiert ist.

Die zwei folgenden if-Konstruktionen sind äquivalent:

Beispiel:

```
#ifdef VERSION
  ....
#endif

#if defined(VERSION)
  ....
#endif
```

#line

Der Compiler benutzt Zeilennummern und den Namen einer Quelldatei, um bei der Übersetzung entdeckte Fehler anzuzeigen. Mit der #line-Direktive können die Nummerierung der Zeilen und der Dateiname geändert werden.

Syntax:

```
#line neu_nummer ["dateiname"]
```

An dieser Stelle beginnt die weitere Nummerierung der Zeilen mit *neu_nummer*. Falls *dateiname* angegeben wird, ist dies der neue Dateiname, auf den sich der Compiler bei Fehlermeldungen bezieht.

Der neue Dateiname muss in Anführungszeichen stehen, und *neu_nummer* muss eine positive ganzzahlige Konstante sein.

Beispiel:

```
#line 500 "my_prog.c"
```

Die #line-Direktive wird typischerweise von Programmgeneratoren benutzt, die einen bestimmten Code in ein C-Programm übersetzen. Bei einer Fehlermeldung kann dann auf die entsprechende

Zeile im ursprünglichen Code und dessen Dateinamen Bezug genommen werden.

Die aktuell gespeicherte Zeilennummer und der entsprechende Dateiname sind über die vordefinierten Makros `__LINE__` und `__FILE__` zugänglich.

Beispiel:
```
printf("aktuelle Zeilennummer: %d\n", __LINE__);
printf("Dateiname: %s\n", __FILE__);
```

#pragma

Die `#pragma`-Direktive ist *compilerabhängig*. Sie erlaubt die Definition von beliebigen Präprozessorbefehlen für einen bestimmten Compiler.

Syntax: `#pragma` *Befehl*

Falls `STDC` hinter `#pragma` steht, ist die Direktive ein Standardpragma, andernfalls ist ihre Wirkung abhängig vom Compiler. Kennt ein Compiler den nach `#pragma` angegebenen Befehl nicht, ignoriert er ihn einfach.

Beispiel: `#pragma pack(1)`

Diese Direktive bewirkt beim Microsoft- und beim GNU-Compiler, dass die Komponenten einer Struktur byteweise ausgerichtet werden, also keine Lücken entstehen. Weitere Möglichkeiten sind `pack(2)` und `pack(4)`. Bei Angabe von `pack()` ohne Argument wird die Ausrichtung auf den Default-Wert der aktuellen Implementierung zurückgesetzt.

Der Operator _Pragma

Eine Pragmadirektive kann nicht durch Makroerweiterung konstruiert werden. Der Operator `_Pragma` bietet diese Möglichkeit.

Syntax: `_Pragma(String-Literal)`

Zunächst werden die doppelten Hochkommata " " des angegebenen String-Literals entfernt. Dann werden die Zeichenfolgen \" und \\ durch " bzw. \ ersetzt. Schließlich interpretiert der Präprozessor das Ergebnis als Pragmabefehl.

Beispiel: `#define STR(s) #s          // # ist Stringizing-Operator`

Dann sind die folgenden beiden Zeilen äquivalent:

```
#pragma tokens
_Pragma(STR(tokens))
```

Im folgenden Beispiel wird der Operator `_Pragma` zur Definition eines Makros verwendet:

Beispiel: `#define Alignment(n) _Pragma(STR(pack(n)))`

Der Aufruf

```
Alignment(4)
```

bewirkt dann die Erweiterung

```
_Pragma("pack(4)")
```

die vom Präprozessor wie folgt interpretiert wird

```
#pragma pack(4)
```

Mit C99 wurden die Standardpragmas `CX_LIMITED_RANGE`, `FENV_ACCESS` und `FP_CONTRACT` eingeführt, die im Abschnitt *Mathematische Funktionen* ab Seite 115 vorgestellt werden.

#error

Die #error-Direktive veranlasst den Präprozessor, eine Fehlermeldung auszugeben und die Kompilierung abzubrechen.

Syntax: `#error [`*Text*`]`

Falls `Text` vorhanden ist, wird dieser zusammen mit einer entsprechenden Fehlermeldung ausgegeben. Dann wird die Kompilierung abgebrochen.

Beispiel:

```
#ifndef __STDC__
   #error "Der C-Standard wird nicht unterstützt."
#endif
```

Vordefinierte Standardmakros

Es gibt sieben vordefinierte Makros. Ihre Namen beginnen und enden mit zwei Unterstrichen

Tabelle 21: Vordefinierte Standardmakros

Makro	Bedeutung
`__LINE__`	Nummer der Zeile (in der aktuellen Quelldatei), in der `__LINE__` steht.
`__FILE__`	Name der Quelldatei, in der `__FILE__` steht.
`__func__`	Name der Funktion, in der `__func__` steht.
`__DATE__`	Datum der Übersetzung im Format "mmm tt jjjj". Beispiel: "Dec 18 2002".
`__TIME__`	Zeit der Übersetzung im Format "hh:mm:ss".
`__STDC__`	Die Konstante ist definiert, wenn der Compiler zum C-Standard konform ist.
`__STD_HOSTED__`	Die Konstante `1`, wenn es sich um eine »hosted« Implementierung handelt, sonst `0`.
`__STD_VERSION__`	Konstante `201710L` vom Typ `long`, wenn die Implementierung den Standard C17 von Oktober 2017 unterstützt. Die Konstante wird mit jedem neuen C-Standard aktualisiert.

Hinweis: C99 unterscheidet *hosted* und *freestanding* Implementierungen der Sprache C. Im Gegensatz zur normalen hosted Implementierung stehen in einer freestanding Implementierung nur die Funktionalitäten der Standardbibliothek gemäß dem Inhalt der Header-Dateien *float.h*, *iso646.h*, *limits.h*, *stdarg.h*, *stdbool.h* und *stddef.h* zur Verfügung.

Bedingt definierte Standardmakros

Die folgenden drei Standardmakros sind nur unter bestimmten Bedingungen definiert. Wenn ein Makro definiert ist, unterstützt die Implementierung einen bestimmten ISO- oder IEC-Standard.

`__STDC_IEC_559__`
: Wenn das Makro mit dem Wert `1` definiert ist, entspricht die reelle Gleitpunktarithmetik der Implementierung dem Standard IEC 60559.

`__STDC_IEC_559_COMPLEX__`
: Wenn das Makro mit dem Wert `1` definiert ist, entspricht die komplexe Gleitpunktarithmetik der Implementierung dem Standard IEC 60559.

`__STDC_ISO_10646__`
: Diese ganzzahlige Konstante vom Typ `long` stellt ein Datum im Format `JJJJMM` (z.B. `199712L`) dar. Die Konstante ist definiert, wenn Zeichen vom Typ `wchar_t` gemäß dem Unicode-Standard ISO/IEC 10646 codiert werden. Der Wert des Makros gibt das Jahr und den Monat der verwendeten Version des Unicode-Standards an.

C11 definiert zusätzlich folgende Standardmakros:

`__STDC_UTF_16__`
: Ist das Makro mit dem Wert `1` definiert, sind Zeichen vom Typ `char16_t` mit UTF-16 codiert. Wenn die Implementierung eine andere Codierung verwendet, ist das Makro nicht definiert.

`__STDC_UTF_32__`
: Ist das Makro mit dem Wert `1` definiert, sind Zeichen vom Typ `char32_t` mit UTF-32 codiert. Wenn die Implementierung eine andere Codierung verwendet, ist das Makro nicht definiert.

`__STDC_MB_MIGHT_NEQ_WC__`
: Ist das Makro mit dem Wert `1` definiert, hat ein Zeichen vom Typ `wchar_t` aus dem Basiszeichensatz nicht notwendigerweise denselben Zeichencode wie die entsprechende Zeichenkonstante.

`__STDC_ANALYSABLE__`
: Das Makro ist mit dem Wert `1` definiert, wenn die Implementierung bei der Analyse von Laufzeitfehlern konform mit Annex L des C11-Standards ist.

`__STDC_LIB_EXT1__`
: Das Makro ist mit dem Wert `201710L` definiert, wenn die Implementierung Bereichsüberprüfungen (*Bounds-checking Interfaces*) gemäß Annex K des C17-Standards unterstützt. Der Wert des Makros wird mit jeder Revision des C-Standards aktualisiert. Die Namen der Funktionen mit Bereichsüberprüfung enden mit `_s`.

`__STDC_NO_COMPLEX__`
: Das Makro hat den Wert `1`, wenn die Implementierung komplexe Gleitpunkttypen nicht unterstützt. In dem Fall ist die Header-Datei *complex.h* nicht verfügbar.

`__STDC_NO_ATOMICS__`
: Das Makro hat den Wert `1`, wenn die Implementierung atomare Operationen nicht unterstützt. In dem Fall ist die Header-Datei *atomics.h* nicht verfügbar.

`__STDC_NO_THREADS__`
: Das Makro hat den Wert `1`, wenn die Implementierung Threads nicht unterstützt. In dem Fall ist die Header-Datei *threads.h* nicht verfügbar.

`__STDC_NO_VLA__`
: Das Makro hat den Wert `1`, wenn die Implementierung Vektoren variabler Länge nicht unterstützt.

Die Namen der Standardmakros dürfen nicht in einer `#define`- oder `#undef`-Direktive vorkommen. Darüber hinaus ist der Bezeichner `__cplusplus` für C++-Compiler reserviert und darf in C-Programmen oder C-Header-Dateien nicht definiert sein.

Typgenerische Makros

Seit C11 ist es möglich, eigene typgenerische Makros zu definieren, wie sie schon seit C99 in der Header-Datei *tgmat.h* für mathematische Funktionen zur Verfügung stehen. So sind beispielsweise die in *math.h* für Argumente vom Typ `double`, `long double` und `float` deklarierten Funktionen `cos()`, `cosl()` und `cosf()` durch ein typgenerisches Makro `cos()` aufrufbar, das in *tgmath.h* definiert ist. Das Makro wählt die passende Funktion gemäß dem Typ des Arguments aus. Für alle in *math.h* deklarierten Funktionen gibt es ein typgenerisches Makro, mit Ausnahme von `modf()`. Der Name des Makros ist immer identisch mit dem Namen der Funktion für den Typ `double`, also ohne die Endung `l` oder `f`.

Auch die in *complex.h* deklarierten komplexen Funktionen, wie `ccos()`, `ccosl()` und `ccosf()`, können über typgenerische Makros aufgerufen werden, vorausgesetzt, die Header-Datei *tgmath.h* ist inkludiert. Wenn es zu einer komplexen Funktion auch die entsprechende reelle Funktion gibt, sind die reellen und komplexen Funktionen über dasselbe typgenerische Makro aufrufbar. So führt der Aufruf des Makros `cos(z)` mit einem komplexen Argument `z` zum Aufruf der entsprechen komplexen Funktion.

Die Definition eines typgenerischen Makros ist durch *generische Auswahl* möglich. Das ist ein Ausdruck, der zur Zeit der Kompilierung abhängig vom Typ eines kontrollierenden Ausdrucks in einer Liste von Typen und Ausdrücken einen bestimmten Ausdruck auswählt. Hierfür steht seit C11 das Schlüsselort `_Generic` zur Verfügung.

Syntax:

```
_Generic( Ausdruck, Typname1 : Ausdruck1,
                    [ Typname2 : Ausdruck2 ... ]
                    [ default : Ausdruckn ])
```

Der `default`-Zweig ist optional und darf nur einmal vorkommen. Die Typnamen *`Typname1`*, *`Typname2, ...`* müssen verschiedene Typen mit fester Speichergröße bezeichnen. Typen für Vektoren mit variabler Länge sind also nicht erlaubt.

Der Typ des kontrollierenden Ausdrucks `Ausdruck` wird mit den Typnamen *`Typname1`*, *`Typname2, ...`* verglichen. Im Fall einer Übereinstimmung wird der Ausdruck, der dem Typnamen folgt, ausgewählt. Falls keiner der angegebenen Typnamen mit dem Typ des kontrollierenden Ausdrucks übereinstimmt, wird der Ausdruck *`Ausdruckn`* im `default`-Zweig ausgewählt. Gibt es keine Übereinstimmung und fehlt der `default`-Zweig, gibt der Compiler eine Fehlermeldung aus.

Im folgenden Beispiel ist `X` eine zuvor definierte Konstante oder Variable.

Beispiel:

```
_Generic( X, float : cosf, long double : cosl , default : cos )
```

Hat der kontrollierende Ausdruck `X` den Typ `long double`, wählt der Compiler den Ausdruck `cosl` aus. Hat `X` beispielsweise den Typ `int` oder `double`, wird `cos` ausgewählt.

Das typgenerische Makro `cos()` könnte jetzt für reelle Typen wie folgt implementiert werden:

Beispiel:

```
#define cos(X) _Generic( X, \
            float       : cosf, \
            long double : cosl, \
            default     : cos   \
          )(X)
```

Der Aufruf:

Beispiel: `cos(1.0f)`

wird dann zu `cosf(1.0f)` erweitert. Der Wert und der Typ der generischen Auswahl werden durch das Ergebnis bestimmt.

Standardbibliothek

In diesem Abschnitt sind die Funktionalitäten der Standardbibliothek gemäß ihren Aufgaben zusammengestellt. Für die einzelnen Anwendungsbereiche wird jeweils das notwendige Hintergrundwissen vermittelt, und die entsprechenden Funktionen, Datentypen und Makros werden vorgestellt. Damit können die zur Verfügung stehenden Möglichkeiten effizient eingesetzt werden, und das Auffinden weniger bekannter Funktionen oder Makros wird erleichtert. Neuerungen, die mit dem C-Standard von 2011 (kurz: C11) eingeführt wurden, sind mit einem (*) gekennzeichnet.

Standard-Header-Dateien

Der Prototyp jeder Funktion, alle Makros und Datentypen aus der Standardbibliothek, sind in einer der folgenden Header-Dateien enthalten:

assert.h	limits.h	stdbool.h	threads.h(*)
complex.h	locale.h	stddef.h	time.h
ctype.h	math.h	stdint.h	uchar.h(*)
errno.h	setjmp.h	stdio.h	wchar.h
fenv.h	signal.h	stdlib.h	wctype.h
float.h	stdalign.h(*)	stdnoreturn.h(*)	
inttypes.h	stdarg.h	string.h	
iso646.h	stdatomic.h(*)	tgmath.h	

Die Header-Dateien *complex.h*, *stdatomic.h* und *threads.h* sind optional. Eine C11-Implementierung unterstützt einen Header nicht, wenn das entsprechende Makro `__STDC_NO_COMPLEX__` bzw. `__STDC_NO_ATOMICS__` bzw. `__STDC_NO_THREADS__` als `1` definiert ist.

Da eine »Funktion« auch als Makro implementiert sein kann, sollte auf jede weitere Deklaration der Funktion verzichtet werden, wenn die entsprechende Header-Datei schon inkludiert ist.

Die folgende Tabelle zeigt, in welchen Header-Dateien häufiger verwendete Datentypen definiert sind.

Tabelle 22: Allgemein verwendete Datentypen

Typ	Bedeutung	Header-Datei
`size_t`	Datentyp für Größen in Anzahl Byte (gewöhnlich `unsigned int`).	*stddef.h* *stdlib.h* *stdio.h*
`wchar_t`	Datentyp für Zeichencodes (groß genug für die Codes aller erweiterten Zeichensätze).	*stdlib.h wchar.h*
`wint_t`	Ganzzahliger Datentyp, der *wide characters* einschließlich dem Pseudowert `WEOF` darstellt.	*wchar.h*
`ptrdiff_t`	Differenz von zwei Zeigern (i. Allg. `int`).	*stddef.h*

Ein-/Ausgabe

Die Standardbibliothek stellt einen Satz von »High-Level«-Funktionen zur Verfügung, die jede Art von Ein-/Ausgabe einheitlich als Datenstrom (engl. *Stream*) behandeln und die entsprechenden Pufferungen durchführen.

Beim Öffnen einer Datei wird ein neuer Stream erzeugt und ein *File-Pointer* angelegt, also ein Zeiger auf eine Struktur vom Typ `FILE`, die Informationen über den Stream enthält. Dazu gehören z. B. die Adresse des Puffers, die Anzahl noch nicht verarbeiteter Bytes und Infos über die Datei selbst. Nachfolgende Operationen benutzen den File-Pointer, um auf die Datei Bezug zu nehmen.

Geräte, z. B. der Bildschirm, werden wie gewöhnliche Dateien angesprochen. Beim Start eines Programms sind bereits standardmäßig drei »Dateien« mit den folgenden File-Pointern geöffnet:

- `stdin` – die Standardeingabe
- `stdout` – die Standardausgabe
- `stderr` – die Standardfehlerausgabe

`stdin` ist mit der Tastatur, `stdout` und `stderr` sind mit dem Bildschirm verbunden, jedenfalls solange keine Umlenkung mithilfe der Funktion `freopen()` oder durch den Benutzer des Programms erfolgt ist.

In C gibt es keine vordefinierte Dateistruktur: Jede Datei besteht aus einer Folge von Bytes. Die logische Struktur einer Datei steht allein unter Kontrolle des Programms, das diese Datei verwendet.

Jede Schreib-/Leseoperation bezieht sich auf die *aktuelle Dateiposition*, also die Position des Zeichens, das als Nächstes gelesen oder geschrieben wird. Nach dem Öffnen einer Datei ist die aktuelle Dateiposition 0. Mit jedem Zeichen, das gelesen oder geschrieben wird, erhöht sich die aktuelle Dateiposition um 1. Der wahlfreie Dateizugriff wird mit Funktionen realisiert, die die aktuelle Position verändern.

Es können auch Zeichen vom Typ `wchar_t` (*wide character type*) in Dateien gespeichert werden. Dieser Typ ist breit genug, um alle Zeichen der erweiterten Zeichensätze darzustellen. Für die Ein-/Ausgabe von Zeichen und Zeichenfolgen gibt es daher zwei unterschiedliche Sätze von Funktionen: die Funktionen zur Ein-/Ausgabe von Bytes und die entsprechenden Funktionen für Zeichen vom Typ `wchar_t`.

Jede Datei hat eine Orientierung: Sie kann *byte-* oder *wide-orientiert* sein. Nach dem Öffnen und vor dem ersten Schreib- oder Lesezugriff ist die Orientierung noch nicht festgelegt. Sobald eine Funktion byteweise liest/schreibt, wird die Datei byte-orientiert. Erfolgt der erste Zugriff mit einer Funktion für Zeichen vom Typ `wchar_t`, ist die Datei wide-orientiert. Die Orientierung kann mit der Funktion `fwide()` auch vor dem ersten Zugriff festgelegt und später jederzeit ermittelt werden.

In wide-orientierte Dateien werden grundsätzlich Multibyte-Zeichen geschrieben. Beim Lesen und Schreiben findet deshalb eine

Umwandlung von Zeichen des Typs `wchar_t` in Multibyte-Zeichen (und umgekehrt) statt. Der Status der Konvertierung wird in einem Objekt vom Typ `mbstate_t` abgelegt, das jedem wide-orientierten Stream zugeordnet ist. Der byte-weise Zugriff auf eine wide-orientierte Datei ist nicht erlaubt (und umgekehrt).

Fehlerbehandlung bei der Ein-/Ausgabe

Fehler beim Zugriff auf Dateien werden durch den Return-Wert der entsprechenden Dateifunktion angezeigt. Beim Erreichen des Dateiendes wird die symbolische Konstante `EOF` (byte-weiser Zugriff) bzw. `WEOF` (wide-orientierter Zugriff) zurückgegeben. Tritt ein Schreib-/Lesefehler auf, wird außerdem ein Fehler-Flag der Datei in der FILE-Struktur gesetzt.

Beim Schreiben/Lesen von wide-orientierten Streams können außerdem Fehler bei der Umwandlung von Zeichen des Typs `wchar_t` in Multibyte-Zeichen (und umgekehrt) auftreten. Dies trifft zu, wenn die Konvertierungsfunktionen `mbrtowc()` oder `wcrtomb()` keinen gültigen Wert liefern. Die globale Fehlervariable `errno` besitzt dann den Wert `EILSEQ` (*Error Illegal Sequence*).

Allgemeine Dateifunktionen

Die folgenden Funktionen, Makros und symbolischen Konstanten sind in der Header-Datei *stdio.h* deklariert. Mit *fp* wird der File-Pointer der Datei bezeichnet. Die Funktionen mit dem Return-Typ `int` liefern im Fehlerfall einen von 0 verschiedenen Wert, andernfalls `0`.

`void` **`clearerr`**`(FILE *`*`fp`*`);`
: Löscht das Fehler- und Dateiende-Flag.

`int` **`fclose`**`(FILE *`*`fp`*`);`
: Schließt die Datei.

`int` **`feof`**`(FILE *`*`fp`*`);`
: Prüft, ob das Ende der Datei erreicht wurde, und gibt einen Wert ungleich 0 zurück, wenn das Dateiende-Flag gesetzt ist, sonst `0`.

int **ferror**(FILE **fp*);
: Prüft, ob ein Fehler beim Zugriff auf die Datei auftrat, und gibt einen Wert ungleich 0 zurück, wenn das Fehler-Flag gesetzt ist, sonst `0`.

int **fflush**(FILE **fp*);
: Überträgt den Inhalt des Dateipuffers in die Datei. Im Fehlerfall ist der Return-Wert `EOF` (`-1`), sonst `0`.

int **fgetpos**(FILE **fp*, fpos_t **ppos*);
: Bestimmt die aktuelle Dateiposition und kopiert diese in die durch *ppos* adressierte Variable. Der Typ `fpos_t` ist gewöhnlich als `long` definiert.

FILE ***fopen**(const char **name*, const char **modus*);
: Öffnet die Datei *name* mit der Zugriffsart *modus*. Mögliche Zugriffsarten sind `"r"` (Lesen), `"r+"` (Lesen und Schreiben), `"w"` (Schreiben), `"w+"` (Schreiben und Lesen), `"a"` (Schreiben ab Dateiende), `"a+"` (wie `"a"` und Lesen). Im Modus `"r"` und `"r+"` muss die Datei schon existieren. Mit `"w"` und `"w+"` wird die Datei neu erzeugt, der Inhalt einer schon existierenden Datei geht verloren. Durch Anhängen von `t` wird der Textmodus festgelegt, von `b` der Binärmodus. Standardmäßig wird eine Datei im Textmodus eröffnet.

  C11 ermöglicht es, eine Datei *exklusiv* zu erzeugen, das heißt, die Eröffnung einer Datei schlägt fehl, wenn sie bereits existiert. Dazu wird den Eröffnungsmodi, die mit `'w'` beginnen, das Zeichen `'x'` angehängt, wie beispielsweise `"wx"` oder `"w+bx"`.

  Die maximale Länge eines Dateinamens ist `FILENAME_MAX`. Die maximale Anzahl gleichzeitig geöffneter Dateien ist `FOPEN_MAX`.

int *fsetpos*(FILE **fp*, const fpos_t **ppos*);
: Setzt den Seek-Zeiger der Datei an die neue Position **ppos*.

long **ftell**(FILE **fp*);
: Liefert die aktuelle Dateiposition.

FILE ***freopen**(const char **name*, const char **modus*, FILE **fp*);
: Schließt die Datei und öffnet die Datei *name* mit der Zugriffsart *modus* unter Verwendung des »alten« File-Pointers *fp*.

`int **fseek**(FILE *fp, long offset, int basis);`
: Verschiebt den Seek-Zeiger der Datei um *offset* Byte vom Dateianfang (*basis* = 0), von der aktuellen Position (*basis* = 1) oder vom Dateiende (*basis* = 2). Für die Basiswerte 0, 1, 2 sind die Konstanten SEEK_SET, SEEK_CUR und SEEK_END definiert.

`int **fwide**(FILE *fp, int mode);`
: Liest oder setzt die Orientierung des Streams *fp* abhängig vom Parameter *mode*. *mode* < 0 bedeutet »byte-orientiert«, *mode* > 0 »wide-orientiert« und *mode* = 0 »unveränderte Orientierung«.

`void **perror**(const char *string);`
: Gibt nach dem Scheitern eines Systemaufrufs den in *string* gespeicherten Text und die entsprechende Systemfehlermeldung aus.

`int **remove**(const char *filename);`
: Bewirkt, dass die Datei nicht mehr unter dem Namen *filename* angesprochen werden kann. Die Datei wird gelöscht, wenn sie keine weiteren Dateinamen (»Links«) besitzt.

`int **rename**(const char *alt, const char *neuname);`
: Gibt der Datei mit dem Dateinamen *alt* den neuen Namen *neuname*.

`void **rewind**(FILE *fp);`
: Setzt den Seek-Zeiger der Datei auf den Dateianfang zurück und löscht das Dateiende-Flag sowie Fehler-Flags.

`void **setbuf**(FILE *fp, char *buf);`
: Richtet für die Datei den Dateipuffer *buf* ein. Dieser muss die Länge der symbolischen Konstanten BUFSIZ haben. Falls *buf* der Null-Zeiger ist, erfolgt die Datenübertragung ungepuffert.

`int **setvbuf**(FILE *fp, char *buf, int mode,size_t sz);`
: Ordnet der Datei den Puffer *buf* der Länge *sz* anstelle des standardmäßigen Dateipuffers zu. Der Parameter *mode* ist eine der folgenden Konstanten: _IOFBF (Ein-/Ausgaben werden vollständig gepuffert), _IOLBF (Ausgaben werden zeilenweise gepuffert), _IONBF (Ein-/Ausgaben erfolgen ungepuffert). Ist *buf* der Null-Zeiger, wird ein Puffer der Größe *sz* dynamisch angelegt.

`FILE *tmpfile(void);`

Öffnet eine temporäre Datei im Binärmodus zum Schreiben und Lesen. Am Ende des Programms wird sie automatisch gelöscht. Es können mindestens `TMP_MAX` (>= 25) Dateien erstellt werden.

`char *tmpnam(char *s);`

Erzeugt einen neuen Dateinamen, der für eine temporäre Datei verwendet werden kann. Falls *s* der Null-Zeiger ist, wird der erzeugte Dateiname in einem internen statischen Puffer abgelegt. Andernfalls muss *s* ein mindestens `L_tmpnam` Byte langer `char`-Vektor sein, in den der neue Name kopiert wird.

C11 stellt alternativ die folgenden secure-Funktionen zur Verfügung (siehe den Abschnitt *Funktionen mit Bereichsüberprüfung* auf Seite 164). Jede dieser Funktionen gibt einen ganzzahligen Wert vom Typ `errno_t` zurück, nämlich `0` bei erfolgreicher Ausführung, andernfalls einen Fehlercode ungleich `0`.

```
errno_t fopen_s( FILE **fpPtr, const char *name,
                 const char *mode);
```

Öffnet wie `fopen()` die angegebene Datei und kopiert den File-Pointer in den Zeiger, auf den das erste Argument *fpPtr* verweist. Es gibt aber folgende Unterschiede, immer vorausgesetzt, das Betriebssystem unterstützt diese Möglichkeiten: `fopen_s()` öffnet eine Datei zum Schreiben *exklusiv*, um ein gleichzeitiges Schreiben in die Datei zu verhindern, und vergibt die Zugriffsrechte für eine neue Datei so, dass kein anderer Benutzer des Systems die Datei öffnen kann. Soll eine neue Datei wie bei `fopen()` die Default-Dateirechte des Systems erhalten, wird dem Modusstring das Zeichen `'u'` vorangestellt, wie beispielsweise `"uw+"`.

```
errno_t freopen_s( FILE **fpPtr, const char *name,
                   const char *mode, FILE *fp);
```

Wie `freopen()`, jedoch mit dem Unterschied, dass `freopen_s()` die Datei *name* gemäß den Regeln von `fopen_s()` öffnet.

`errno_t tmpfile_s( FILE **fpPtr);`

Wie `tmpfile()`, jedoch mit dem Unterschied, dass `tmpfile_s()` die temporäre Datei gemäß den Regeln von `fopen_s()` erzeugt und der Aufrufer den neuen File-Pointer über das erste Argument *fpPtr* erhält. Es können mindestens `TMP_MAX_S` (>= 25) Dateien erstellt werden.

`errno_t` **`tmpnam_s`**`( char *s, rsize_t` *`maxsize`*`);`
: Erzeugt wie `tmpnam()` einen eindeutigen Dateinamen. Der Parameter *maxsize* für die Größe des `char`-Vektors, auf den *s* verweist, muss mindestens den Wert `L_tmpnam_s` haben, und *s* darf kein Null-Zeiger sein.

Funktionen für die Dateiein-/Ausgabe

Die traditionellen Schreib-/Lesefunktionen sind in der Header-Datei *stdio.h* deklariert. Im Folgenden ist *fp* der mit der Datei verbundene File-Pointer. Ist kein Parameter für den File-Pointer vorhanden, wird auf `stdout` geschrieben bzw. von `stdin` gelesen.

Zeichen und Zeichenfolgen lesen und schreiben

Tabelle 23: Die Schreib- und Lesefunktionen für Zeichen

Aufgabe	Funktionen

Zeichen schreiben	`int fputc(int c, FILE *fp);`
	`int putc(int c, FILE *fp);`
	`int putchar(int c);`

Zeichen lesen	`int fgetc(FILE *fp);`
	`int getc(FILE *fp);`
	`int getchar(void);`

Zeichen zurückstellen	`int ungetc(int c, FILE *fp);`
Zeile schreiben	`int fputs(const char *s, FILE *fp);` `int puts(const char *s);`

Zeile lesen	`char *fgets(char *s, int n, FILE *fp);`
	`char *gets(char *buffer);`
	`char *gets_s(char *buffer, rsize_t size);`

Zu jeder dieser Schreib-/Lesefunktionen gibt es eine entsprechende Funktion für den wide-orientierten Zugriff. Diese sind in der Header-Datei *wchar.h* deklariert. Ihr Name enthält statt »`c`« (für *character*) ein »`wc`« (für *wide character*) oder statt »`s`« (für *string*) ein »`ws`« (für *wide string*).

Blockweises Lesen und Schreiben

Zum *blockweisen* Schreiben und Lesen gibt es folgende Funktionen:

`size_t` **`fwrite`**`(const void *`*`buf`*`, size_t `*`sz`*`, size_t `*`n`*`, FILE *`*`fp`*`);`
: Schreibt *n* Objekte der Länge *sz* aus dem Puffer *buf* in die Datei.

`size_t` **`fread`**`(void *`*`buffer`*`, size_t `*`sz`*`, size_t `*`n`*`, FILE *`*`fp`*`);`
: Liest bis zu *n* Objekte der Länge *sz* aus der Datei und schreibt sie in den durch *buf* adressierten Speicherbereich.

Der Return-Wert beider Funktionen ist die Anzahl der übertragenen Objekte. Ist dieser kleiner als `n`, trat ein Fehler auf, oder beim Lesen mit `fread()` wurde das Dateiende erreicht.

Formatierte Ausgabe

Zum *formatierten* Schreiben stehen die `printf`-Funktionen zur Verfügung:

`int` **`printf`**`(const char *`*`form`*`, ... /*`*`arg1`*`, ..., `*`argn`*`*/);`
: Gibt den Formatstring *form* auf der Standardausgabe aus, wobei darin enthaltene Formatelemente durch die Werte aus der Argumentliste *arg1*, ..., *argn* ersetzt werden.

`int` **`fprintf`**`(FILE *`*`fp`*`, const char *`*`form`*`, ...);`
: Schreibt den Formatstring *form* wie `printf()` in die mit dem File-Pointer *fp* verbundene Datei.

`int` **`vprintf`**`(const char *`*`form`*`, va_list `*`ptr`*`);`
: Wie `printf()`. Statt einer Liste von Argumenten wird ein Zeiger *ptr* auf eine Argumentliste übergeben.

`int` **`vfprintf`**`(FILE *`*`fp`*`, const char *`*`form`*`, va_list `*`ptr`*`);`
: Wie `fprintf()`. Statt einer Liste von Argumenten wird ein Zeiger *ptr* auf eine Argumentliste übergeben.

Jede dieser `printf`-Funktionen liefert als Return-Wert die Anzahl der ausgegebenen Zeichen oder `EOF`, falls ein Fehler auftrat.

Ein Aufruf der Funktion `printf()` mit einem Formatelement:

Beispiel: `printf("%+10.2f", sin(1.2));`

Hier wird der Wert von `sin(1.2)` mit Vorzeichen und zwei Stellen nach dem Punkt rechtsbündig in einem Feld mit der Breite 10 ausgegeben.

Ein *Formatelement* einer Funktion der `printf`-Familie hat die allgemeine Form:

`%[`*`Flags`*`][`*`Feldbreite`*`][.`*`Genauigkeit`*`]`*`typ`*

`Flags` bestehen aus einem oder mehreren der Zeichen `+`, `' '` (Leerzeichen), `-` , `0` , `#`. Sie haben folgende Wirkung:

`+`
: Positive Zahlen werden mit Vorzeichen ausgegeben.

`' '`
: Positive Zahlen werden mit führendem Leerzeichen ausgegeben.

`-`
: Im Feld wird linksbündig ausgegeben (siehe Feldbreite).

`0`
: Das Feld vor der Zahl wird mit `0` aufgefüllt.

`#`
: Die Ausgabe von Gleitpunktzahlen mit `A`, `a`, `E`, `e`, `G` oder `g` enthält in jedem Fall einen Dezimalpunkt. Bei der Ausgabe von Ganzzahlen mit `X`, `x` und `o` wird eine Hexadezimalzahl mit führendem `0X` bzw. `0x` und eine Oktalzahl mit führender `0` dargestellt.

`Feldbreite` ist eine positive Ganzzahl, die die Länge eines Ausgabefelds festlegt. Ist der Feldbreite ein Minuszeichen vorangestellt, wird der entsprechende Argumentwert linksbündig in das Feld gesetzt, andernfalls rechtsbündig. Der verbleibende Platz im Feld wird mit Leerzeichen aufgefüllt. Ist die auszugebende Zeichenfolge länger als das Feld, wird sie vollständig ausgegeben, d. h., die Feldbreite wird vergrößert.

Als Feldbreite kann auch ein Stern (*) angegeben werden. Dann wird die Feldbreite durch ein zusätzliches Argument bestimmt, das direkt vor dem auszugebenden Argument stehen und den Typ `int` haben muss.

`.Genauigkeit` legt bei der Ausgabe von *Gleitpunktzahlen* mit den Typangaben `f` oder `e` die Anzahl der Ziffern fest, die hinter dem Dezimalpunkt ausgegeben werden. Bei der Ausgabe mit `g` bestimmt sie die Anzahl der signifikanten Stellen. Falls nötig, wird gerundet. Ohne Angabe der Genauigkeit wird der Standardwert `6` angenommen.

Bei *Ganzzahlen* bestimmt die Genauigkeit die Mindestzahl von Ziffern, die auszugeben sind. Besitzt eine Zahl weniger Ziffern, als `.Genauigkeit` festlegt, werden Nullen vorangestellt. Der Standardwert für die Genauigkeit ist hier `1`.

Ist das Argument ein *String*, bestimmt die Genauigkeitsangabe die Höchstzahl der Zeichen, die vom String ausgegeben werden.

typ legt fest, wie das entsprechende Argument interpretiert und umgewandelt wird. Hierbei muss *typ* mit dem Typ des Arguments korrespondieren. Folgende Typangaben sind möglich:

Tabelle 24: Typangaben bei der formatierten Ausgabe

typ	**Argumenttyp**	**Ausgabe**
`d, i`	`int`	dezimal
`u`	`unsigned int`	dezimal
`o`	`unsigned int`	oktal
`x`	`unsigned int`	hexadezimal mit `a, b, c, d, e, f`
`X`	`unsigned int`	hexadezimal mit `A, B, C, D, E, F`
`f`	`float/double`	Gleitkommazahl, dezimal
`e, E`	`float/double`	Exponentialdarstellung, dezimal
`a, A`	`float/double`	Exponentialdarstellung, hexadezimal
`g, G`	`float/double`	Gleitpunktzahl/Exponentialdarstellung, was kürzer ist
`c`	`char/int`	einzelnes Zeichen
`s`	`String`	Ausgabe des Strings bis `'\0'` (höchstens wie mit `.Genauigkeit` angegeben)
`N`	`int *`	speichert im entsprechenden Argument die Anzahl der bis dahin ausgegebenen Zeichen
`P`	Zeiger	gibt die im entsprechenden Argument enthaltene Adresse in hexadezimaler Form aus
`%`	keiner	das Zeichen `%` wird ausgegeben

Zur Ausgabe eines *wide character* oder *wide character string* wird der Typangabe c bzw. s ein l vorangestellt.

Ist ein auszugebender Wert vom Typ long oder long long, wird den Typangaben d, i, u, o, x, X der Buchstabe l bzw. ll vorangestellt. Entsprechend ist für Werte vom Typ short bzw. char diesen Typangaben der Buchstabe h bzw. hh voranzustellen.

Ein Wert vom Typ long double wird ausgegeben, indem den Typangaben f, e, E, g, G, a oder A ein L vorangestellt wird.

Mit den Typspezifizierern A und a wird eine Zahl vom Typ double in der hexadezimalen Exponentialdarstellung 0Xh.hhhhP±d bzw. 0xh.hhhhp±d ausgegeben. Die Basis bei dieser Darstellung ist FLOAT_RADIX (i. Allg. 2). Ohne die Angabe einer Genauigkeit werden so viele Ziffern ausgegeben, wie zur exakten Darstellung der Zahl notwendig sind.

Werte vom Typ intmax_t oder uintmax_t werden durch ein führendes j vor den Typangaben d, i, o, u, x oder X ausgegeben. Entsprechend wird für Werte vom Typ size_t ein führendes z und für Werte vom Typ ptrdiff_t ein führendes t verwendet.

Für die in der Header-Datei *stdint.h* definierten ganzzahligen Typen (z. B. int16_t oder int_least32_t) gibt es zur Ausgabe mit printf() eigene Typspezifizierer. Diese sind in der Header-Datei *inttypes.h* als Makros definiert. Entsprechend den Typspezifizierern d, i, o, x, X beginnen die Makronamen mit den Präfixen PRId, PRIi, PRIo, PRIu, PRIx oder PRIX. Die Makros mit dem Präfix PRId sind z. B.

PRId*N* PRIdLEAST*N* PRIdFAST*N* PRIdMAX PRIdPTR,

wobei *N* für die Breite in Bit steht (i. Allg. *N* = 8, 16, 32, 64).

Beispiel:

```
intmax_t i = INTMAX_MAX;
printf("Groesster int-Wert: %20" PRIdMAX "\n", i);
```

Formatierte Eingabe

Zum *formatierten Lesen* stehen die scanf-Funktionen zur Verfügung. Sie sind die Gegenfunktionen zu den entsprechenden printf-Funktionen:

int **scanf**(const char **form*, ... /**arg1*, ..., *argn**/);
: Liest Zeichen von der Standardeingabe und speichert die konvertierten Werte in Variablen, die durch die Argumente *arg1*, ..., *argn adressiert* werden. Die Konvertierung der eingelesenen Zeichen erfolgt gemäß den Formatelementen im Formatstring *form*.

int **fscanf**(FILE **fp*, const char **form*, ...);
: Wie scanf(), nur wird aus der mit *fp* angegebenen Datei gelesen.

int **vfscanf**(FILE **fp*, const char **form*, va_list *ptr*);
: Wie fscanf(). Statt einer Liste von Argumenten wird ein Zeiger *ptr* auf eine Argumentliste übergeben.

int **vscanf**(const char **format*, va_list *ptr*);
: Wie scanf(). Statt einer Liste von Argumenten wird ein Zeiger *ptr* auf eine Argumentliste übergeben.

Jede dieser scanf-Funktionen liefert als Return-Wert die Anzahl der erfolgreich eingelesenen Eingabefelder. Der Return-Wert ist EOF, falls bereits das erste Eingabefeld nicht eingelesen oder konvertiert werden kann bzw. falls das Dateiende erreicht ist.

Ein *Formatelement* einer Funktion aus der scanf-Familie hat folgende Form:

%[*Feldbreite*]*typ*

Beispiel: `scanf("%5d", &var);   // var ist vom Typ int`

Für jedes Formatelement wird das nächste *Eingabefeld* eingelesen, konvertiert und in der entsprechenden Variablen abgelegt, deren *Adresse* als Argument übergeben wird. Eingabefelder sind durch Zwischenraumzeichen (Leer-, Tabulator- und Newline-Zeichen) voneinander getrennt.

Feldbreite legt die maximale Anzahl der Zeichen fest, die eingelesen und konvertiert werden. Das nächste Eingabefeld beginnt also mit dem ersten noch nicht verarbeiteten Zeichen.

typ entspricht den Typangaben bei der Ausgabe, jedoch mit *folgenden Unterschieden*:

- Mit `%i` werden dezimale, oktale und hexadezimale Ganzzahlen eingelesen, wobei das Präfix der Zahl (wie bei Konstanten) über den Typ entscheidet.
- Mit `%f` wird ein Wert in eine Variable vom Typ `float` eingelesen und mit `%lf` in eine Variable vom Typ `double`.
- `%c` liest das nächste Zeichen ein. Dieses kann auch ein Zwischenraumzeichen sein. Im Gegensatz dazu lesen alle anderen Typangaben das nächste Eingabefeld, wobei führende Zwischenraumzeichen überlesen werden.
- `%s` liest eine Zeichenfolge ein und hängt ein String-Endezeichen `'\0'` an. Anstelle der Typangabe `s` kann eine Folge von Zeichen (sogenannte Suchzeichen) in eckigen Klammern angegeben werden. Jedes eingelesene Zeichen muss dann mit einem dieser Suchzeichen übereinstimmen. Das erste Zeichen, das mit keinem Suchzeichen übereinstimmt, beendet das Einlesen. Ist den Suchzeichen ein ^-Zeichen vorangestellt, wird das Einlesen beendet, *sobald* ein Suchzeichen auftritt. Die Angabe mehrerer aufeinanderfolgender Suchzeichen kann verkürzt werden, indem das erste und letzte Suchzeichen durch einen Bindestrich verbunden werden. Beispielsweise ist `[a-f]` gleichbedeutend mit `[abcdef]`.

Enthält ein Formatelement hinter dem Prozentzeichen (%) einen Stern (*), wird die Eingabe gemäß dem vorgegebenen Typ interpretiert, jedoch nicht gespeichert. Das entsprechende Eingabefeld wird also überlesen. Für dieses Formatelement ist *kein* Argument anzugeben.

Ein Zeichen, das nicht gemäß dem Formatelement interpretiert werden kann, beendet das Eingabefeld und verbleibt im Eingabepuffer. Dieses Zeichen wird dann bei der nächsten Konvertierung als Erstes gelesen.

Der Formatstring kann außer Formatelementen auch andere Zeichen enthalten: Zeichen, die nicht zu einem Formatelement gehören und *keine Zwischenraumzeichen* sind, werden als Eingabe erwartet, jedoch nicht gespeichert. Falls ein anderes Zeichen eingegeben wird, bricht die Funktion das Einlesen ab. Ein *Zwischenraumzeichen* im Formatstring steht dagegen für eine beliebige Folge von Zwischenraumzeichen. Zum Beispiel werden bei der Eingabe einzelner Zeichen mit " %c" führende Zwischenraumzeichen überlesen.

Für Variablen eines ganzzahligen Typs vorgegebener Breite (z. B. `int_least32_t`) sind wie bei `printf()` eigene Typspezifizierer definiert. Die entsprechenden Makronamen in der Header-Datei *inttypes.h* besitzen statt des Präfixes `PRI` das Präfix `SCN` (*scan*).

Zum Schreiben und Lesen unter Kontrolle eines wide-Formatstrings ist in der Header-Datei *wchar.h* die Familie der `wprintf`- und `wscanf`-Funktionen deklariert. Die Formatelemente und ihre Bedeutung sind identisch mit denen der `printf`- und `scanf`-Funktionen.

Mit C11 gibt es zu jeder Funktion aus der Familie der `printf`- und `scanf`-Funktionen auch eine alternative secure-Funktion mit der Namensendung `_s`, sofern das Makro `__STDC_LIB_EXT1__` definiert ist. Diese Funktionen überprüfen zusätzlich, ob ein Zeigerargument ungleich null ist. Außerdem muss jedem Zeigerargument auf einen Vektor, in den geschrieben wird, ein weiteres Argument vom Typ `rsize_t` folgen, das die Länge des Vektors angibt.

Grenzwerte und Klassifizierung von Zahlen

Wertebereich ganzzahliger Typen

In der Header-Datei *limits.h* sind die Wertebereiche der *ganzzahligen Datentypen* dokumentiert. Die folgenden Konstanten geben jeweils den kleinsten und größten darstellbaren Wert an.

Tabelle 25: Grenzwerte der ganzzahligen Datentypen

Datentyp	Minimum	Maximum	Maximum des unsigned-Typs
`char`	`CHAR_MIN`	`CHAR_MAX`	`UCHAR_MAX`
`signed char`	`SCHAR_MIN`	`SCHAR_MAX`	
`short`	`SHRT_MIN`	`SHRT_MAX`	`USHRT_MAX`
`int`	`INT_MIN`	`INT_MAX`	`UINT_MAX`
`long`	`LONG_MIN`	`LONG_MAX`	`ULONG_MAX`
`long long`	`LLONG_MIN`	`LLONG_MAX`	`ULLONG_MAX`

Wird char mit Vorzeichen interpretiert, ist CHAR_MIN gleich SCHAR_MIN und CHAR_MAX gleich SCHAR_MAX. Andernfalls ist CHAR_MIN gleich 0 und CHAR_MAX gleich UCHAR_MAX.

Neben den oben genannten Konstanten enthält *limits.h* noch die folgenden:

- CHAR_BIT: Anzahl der Bits in einem Byte (gewöhnlich 8).
- MB_LEN_MAX: Maximale Anzahl von Bytes in einem Multibyte-Zeichen.

Für die Typen wchar_t, wint_t, size_t, ptrdiff_t, sig_atomic_t und die ganzzahligen Typen vorgegebener Breite (z. B. int_least_32_t) sind in der Header-Datei *stdint.h* ebenfalls Konstanten definiert, die den minimalen und maximalen Wert angeben. Der Name einer Konstanten ergibt sich aus dem Typnamen in der Form, dass der Typname großgeschrieben und _t durch _MIN oder _MAX ersetzt wird.

Beispiele:
```
WCHAR_MIN        // Minimum von wchar_t
INT_LEAST32_MAX  // Maximum von int_least32_t
```

Für unsigned-Typen ist natürlich nur die jeweilige MAX-Konstante definiert.

C11 deklariert in der Header-Datei *uchar.h* zwei neue Typen für Unicode-Zeichen:

- char16_t zur Darstellung von 16-Bit-Zeichen (gleich dem Typ uint_least16_t)
- char32_t zur Darstellung von 32-Bit-Zeichen (gleich dem Typ uint_least32_t)

Die Implementierung verwendet für Zeichen vom Typ char16_t die Codierung UTF-16, wenn das Makro __STDC_UTF_16__ als 1 definiert ist. Entsprechend sind char32_t-Zeichen UTF-32-codiert, wenn das Makro __STDC_UTF_32__ als 1 definiert ist.

Für die Umwandlung eines Zeichens vom Typ char16_t oder char32_t in ein Multibyte-Zeichen und für die umgekehrte Umwandlung deklariert der Header *uchar.h* die folgenden vier Funktionen:

mbrtoc16(), c16rtomb(), mbrtoc32(), c32rtomb()

Wertebereich und Genauigkeit reeller Gleitpunkttypen

Zur Darstellung des Wertebereichs und der Genauigkeit für die Datentypen `float`, `double` und `long double` sind in der Header-Datei *float.h* die folgenden Makros definiert. Das Präfix `FLT` steht dabei für `float`, `DBL` für `double` und `LDBL` für `long double`. Der Wert von `FLT_RADIX` und `FLT_ROUNDS` gilt für alle drei Gleitpunkttypen.

Tabelle 26: Makros für Gleitpunkttypen in float.h

Symbol	Bedeutung
`FLT_RADIX`	Basis (= Radix) der exponentiellen Darstellung.
`FLT_ROUNDS`	Gibt an, wie gerundet wird: -1 = unbestimmt, 0 = gegen null, 1 = zum nächsten, 2 = zum nächstgrößeren, 3 = zum nächstkleineren darstellbaren Wert.

`FLT_MANT_DIG`
`DBL_MANT_DIG`
`LDBL_MANT_DIG`
	Anzahl der Ziffern der Mantisse zur Basis `FLT_RADIX`.

`FLT_MIN_EXP`
`DBL_MIN_EXP`
`LDBL_MIN_EXP`
	Kleinster Wert für den Exponent zur Basis `FLT_RADIX`.

`FLT_MAX_EXP`
`DBL_MAX_EXP`
`LDBL_MAX_EXP`
	Größter Wert für den Exponent zur Basis `FLT_RADIX`.

Mit den obigen Werten sind für jeden Typ der Wertebereich und die Genauigkeit festgelegt. In der Praxis wichtig sind die entsprechenden *dezimalen* Werte (Basis 10). Für den Typ `float` sind in *float.h* folgende Makros definiert:

Tabelle 27: Grenzwerte für den Typ float

Symbol	Bedeutung
`FLT_DIG`	Genauigkeit in Anzahl Dezimalziffern.
`FLT_MIN_10_EXP`	Kleinster negativer Exponent zur Basis 10.
`FLT_MAX_10_EXP`	Größter positiver Exponent zur Basis 10.

Tabelle 27: Grenzwerte für den Typ float (Fortsetzung)

Symbol	Bedeutung
`FLT_MIN`	Kleinste darstellbare positive Gleitpunktzahl.
`FLT_MAX`	Größte darstellbare Gleitpunktzahl.
`FLT_EPSILON`	Die kleinste positive darstellbare Gleitpunktzahl x mit der Eigenschaft 1.0 + x != 1.0.

Daneben gibt es entsprechende Konstanten für die Typen `double` und `long double`, die mit `DBL` bzw. `LDBL` anstelle von `FLT` beginnen.

Die Konstante `DECIMAL_DIG` gibt die Genauigkeit des größtmöglichen Gleitpunkttyps in Anzahl Dezimalziffern an.

Klassifizierung von Gleitpunktzahlen

C unterscheidet fünf Kategorien von Gleitpunktzahlen. In der Header-Datei *math.h* ist für jede Kategorie eine symbolische Konstante definiert.

Tabelle 28: Gleitpunktzahlkategorien

Symbol	Kategorie
`FP_ZERO`	Gleitpunktzahlen mit Wert `0`.
`FP_NORMAL`	Gleitpunktzahlen in normalisierter Darstellung.
`FP_SUBNORMAL`	Gleitpunktzahlen in subnormaler Darstellung.
`FP_INFINITE`	Gleitpunktzahlen, die einen unendlichen Wert darstellen.
`FP_NAN`	Werte (Bitmuster), die keine gültige Gleitpunktzahl (engl. *Not a Number*, kurz *NaN*) darstellen.

Hinweis: In der subnormalen Darstellung können besonders kleine Zahlen dargestellt werden.

Mit folgenden Makros kann festgestellt werden, welcher Kategorie eine reelle Gleitpunktzahl x angehört, und zwar ohne dass eine Fehlersituation entsteht.

Tabelle 29: Makros zur Bestimmung der Gleitpunktzahlkategorie

Makro	Resultat
`fpclassify(x)`	Liefert die Kategorie von x, also eine der obigen Konstanten.
`isfinite(x)`	Liefert »wahr« (d. h. einen Wert ungleich 0), falls x ein endlicher Wert (0, normal oder subnormal) ist, andernfalls 0.
`isinf(x)`	Liefert »wahr«, falls x »unendlich« ist, andernfalls 0.
`isnormal(x)`	Liefert »wahr«, falls x eine von 0 verschiedene, normalisierte Gleitpunktzahl ist, andernfalls 0.
`isnan(x)`	Liefert »wahr«, falls x keine Zahl (also: NAN) ist, sonst 0.
`signbit(x)`	Liefert »wahr«, falls x negativ (also das Vorzeichenbit gesetzt) ist, andernfalls 0.

In *math.h* sind außerdem folgende Konstanten definiert:

- `INFINITY`: Großer positiver Wert vom Typ `float` zur Darstellung von »unendlich«.
- `NAN` (engl. *Not a Number*): Ein Wert vom Typ `float`, der keine gültige Gleitpunktzahl ist.

Es werden *quiet* (»stille«) und *signalling* (»signalisierende«) `NaN`s unterschieden. Tritt in einem arithmetischen Ausdruck ein signalling `NaN` auf, wird das Status-Flag `FE_INVALID` in der Gleitpunktumgebung gesetzt, bei einem quiet `NaN` nicht.

Eine Implementierung muss das Konzept von `NAN`s nicht unterstützen. In diesem Fall ist die Konstante `NAN` nicht definiert.

Mathematische Funktionen

Mathematische Funktionen für ganzzahlige Typen

Die Funktionen für ganzzahlige Typen sind in *stdlib.h* deklariert.

```
int rand(void);
```

Erzeugt eine Zufallszahl zwischen `0` und `RAND_MAX`. Die Konstante `RAND_MAX` hat mindestens den Wert $32767 = 2^{15} - 1$.

```
void srand(unsigned n);
```

Initialisiert den Zufallszahlengenerator mit dem »Keim« (engl. *Seed*) *n*. Danach kann eine neue Folge von Zufallszahlen erzeugt werden.

```
int abs(int x);
```

Liefert den Absolutwert von *x*.

```
div_t div(int x, int y);
```

Dividiert *x* durch *y* und legt den ganzzahligen Anteil des Ergebnisses sowie den Divisionsrest in einer Struktur vom Typ `div_t` ab, die wie folgt definiert ist:

```
typedef struct { int quot; int rem; } div_t;
```

Für die Typen `long` und `long long` gibt es die entsprechenden Funktionen `labs()`, `ldiv()` und `llabs()`, `lldiv()`. Außerdem gibt es die Funktionen `imaxabs()` und `imaxdiv()` für den Typ `intmax_t`. Diese sind in *inttypes.h* deklariert.

Mathematische Funktionen für reelle Gleitpunkttypen

Die in *math.h* deklarierten mathematischen Funktionen waren ursprünglich nur für `double`-Werte definiert, d. h., der Return-Wert und die Parameter sind vom Typ `double`. Im Einzelnen sind dies folgende Funktionen:

Tabelle 30: Die traditionellen mathematischen Funktionen für double-Werte

Mathematische Funktion	Name der C-Funktion
Trigonometrische Funktionen:	
Sinus, Kosinus, Tangens	`sin()`, `cos()`, `tan()`
Arkussinus, Arkuskosinus	`asin()`, `acos()`
Arkustangens	`atan()`, `atan2()`
Hyperbolische Funktionen	`sinh()`, `cosh()`, `tanh()`
Potenz, Wurzel	`pow()`, `sqrt()`,
Exponentialfunktionen	`exp()`, `frexp()`, `ldexp()`
Logarithmus	`log()`, `log10()`
Nächste Ganzzahl	`ceil()`, `floor()`

Tabelle 30: Die traditionellen mathematischen Funktionen für double-Werte (Fortsetzung)

Mathematische Funktion	Name der C-Funktion
Absolutwert	`fabs()`
Rest (Modulo-Division)	`fmod()`
Zerlegung in ganzzahligen und gebrochenen Anteil	`modf()`

Zu den oben genannten Funktionen gibt es auch Versionen für die Typen `float` und `long double`, deren Namen mit dem Suffix `f` bzw. `l` enden.

Beispiel:

```
double      cos( double x);
float       cosf(float x);
long double cosl(long double x);
```

Mit C99 sind in *math.h* weitere reelle mathematische Funktionen deklariert. Für diese gibt es ebenfalls eine Version für die Typen `float` und `long double`, deren Name mit dem Suffix `f` bzw. `l` endet.

Tabelle 31: Weitere mathematische Funktionen für double-Werte

Mathematische Funktion	Name der C-Funktion
Trigonometrische Funktionen	`asinh()`, `acosh()`, `atanh()`
Exponentialfunktionen	`exp2()`, `expm1()`
Logarithmus	`ilogb()`, `logb()`, `log1p()`, `log2()`
Wurzel	`cbrt()`, `hypot()`
Divisionsrest	`remainder()`, `remquo()`
Positive Differenz	`fdim()`
Minimum, Maximum	`fmin()`, `fmax()`
Rundungsfunktionen	`trunc()`, `rint()`, `lrint()`, `llrint()`, `round()`, `lround()` `llround()`
Nächste Zahl	`nearbyint()`, `nextafter()`, `nexttoward()`
Vorzeichen kopieren	`copysign()`
Operationen laufzeitoptimiert	`scalbn()`, `scalbln()`, `fma()`
Gammafunktion	`tgamma()`, `lgamma()`
Fehlerfunktionen	`erf()`, `erfc()`

Für Vergleiche von Gleitpunktzahlen sind in *math.h* auch Makros definiert. Im Gegensatz zu den Vergleichsoperatoren wird die Exception `FE_INVALID` nicht gesetzt, wenn Werte nicht vergleichbar sind, z. B. ein `NaN` vorkommt.

Tabelle 32: Makros zum Vergleich von Gleitpunktzahlen

<table>
<tr><th>Makro</th><th>Ausdruck mit Vergleichsoperatoren</th></tr>
<tr><td>isgreater(x,y)</td><td>(x) > (y)</td></tr>
<tr><td>isgreaterequal(x,y)</td><td>(x) >= (y)</td></tr>
<tr><td>isless(x,y)</td><td>(x) < (y)</td></tr>
<tr><td>islessequal(x,y)</td><td>(x) <= (y)</td></tr>
<tr><td>islessgreater(x,y)</td><td>(x) < (y) || (x) > (y)</td></tr>
<tr><td>isunordered(x,y)</td><td>1, falls x und y nicht vergleichbar, sonst 0</td></tr>
</table>

Optimierung von Gleitpunktoperationen

Die in *math.h* definierten Typen `float_t` und `double_t` repräsentieren die Datentypen, mit denen bei arithmetischen Operationen intern gerechnet wird. Für diese Datentypen entfallen die sonst notwendigen Konvertierungen vor einer Rechenoperation. Welche Typen das im konkreten Fall sind, ergibt sich aus dem Wert des Makros `FLT_EVAL_METHOD`:

Tabelle 33: Die Interpretation von float_t und double_t

FLT_EVAL_METHOD	Bedeutung von float_t	Bedeutung von double_t
0	float	double
1	double	double
2	long double	long double

Prozessoren besitzen spezielle Maschinenbefehle, um arithmetische Standardoperationen schnell auszuführen. Dabei können möglicherweise Rundungsfehler und Fehlersituationen ignoriert werden. Mit dem Pragma `FP_CONTRACT` können solche Optimierungen zugelassen werden.

Beispiel:
```
#pragma STDC FP_CONTRACT ON
```

Der Schalter OFF anstatt ON unterdrückt solche Optimierungen.

Außerdem ist das Makro FP_FAST_FMA definiert, wenn die Funktion fma(x,y,z) (also: x*y+z) durch einen entsprechenden Maschinenbefehl implementiert ist und damit die Operationen schneller ausführt. Die Makros FP_FAST_FMAF und FP_FAST_FMAL haben die entsprechende Bedeutung für die Funktionen fmaf() und fmal().

Mathematische Funktionen für komplexe Gleitpunkttypen

Die Funktionen und Makros für komplexe Zahlen sind in der optionalen Header-Datei *complex.h* deklariert. Diese wird von einer C11-Implementierung nicht unterstützt, wenn das Makro __STDC_NO_COMPLEX__ als 1 definiert ist.

Folgende Funktionen besitzen einen Parameter und einen Return-Wert vom Typ double complex.

Tabelle 34: Mathematische Funktionen für den Typ double complex

Mathematische Funktion	Name der C-Funktion
Trigonometrische Funktionen:	
Sinus, Kosinus, Tangens	csin(), ccos(), ctan()
Arkussinus, Arkuskosinus	casin(), cacos()
Arkustangens	catan()
Hyperbolische Funktionen	csinh(), ccosh(), ctanh() cacosh(), casinh(), catanh()
Potenz, Wurzel	cpow(), csqrt()
Exponentialfunktionen	cexp()
Logarithmus	clog()
Konjugiert komplexe Zahl	conj()
Projektion auf die riemannsche Sphäre	cproj()

Folgende Funktionen besitzen einen Parameter vom Typ double complex und einen Return-Wert vom Typ double.

Tabelle 35: Komplexe Funktionen mit Return-Wert vom Typ double

Mathematische Funktion	Name der C-Funktion
Absolutbetrag	`cabs()`
Winkel (Bogenmaß) in Polarkoordinaten	`carg()`
Real-/Imaginär-Teil	`creal()`, `cimag()`

Zu jeder der komplexen Funktionen ist auch eine Version für die Typen `float complex` und `long double complex` definiert, deren Name mit dem Suffix `f` bzw. `l` endet.

Die folgenden Makros sind für komplexe Typen definiert:

Tabelle 36: Makros für komplexe Typen

Makro	Bedeutung
`complex`	`_Complex`
`_COMPLEX_I`	imaginäre Einheit (Zahl `i` mit $i^2 = -1$) vom Typ `const float _Complex`
`imaginary`	`_IMAGINARY`
`_IMAGINARY_I`	imaginäre Einheit vom Typ `const float _Imaginary`
`I`	`_IMAGINARY_I`, falls der Compiler den Typ `_IMAGINARY` unterstützt, andernfalls `_COMPLEX_I`

Arithmetische Operationen mit komplexen Zahlen können beschleunigt werden, wenn keine Über- oder Unterläufe zu befürchten sind. Dazu dient das Pragma

```
#pragma  STDC CX_LIMITED_RANGE  ON  // Default-Wert: OFF
```

Typgenerische Makros

In der Header-Datei *tgmath.h* werden sogenannte *typgenerische* Makros definiert, die es ermöglichen, die mathematischen Funktionen für verschiedene reelle und/oder komplexe Gleitpunkttypen mit demselben Namen aufzurufen.

Ist eine Funktion für reelle und komplexe Gleitpunkttypen oder nur für reelle Gleitpunkttypen definiert, entspricht der Name des typgenerischen Makros dem Namen der Funktion, die für double definiert ist. Eine Ausnahme ist die reelle Funktion modf(), zu der es kein typgenerisches Makro gibt.

Beispiel:
```
complex z = 1.0 + 2.1*I;
cos(z);          // Aufruf von ccos()
ceil(7.1L);      // Aufruf von ceill()
```

Es wird immer die Funktion aufgerufen, die dem Typ des übergebenen Arguments entspricht.

Auch für die komplexen Funktionen, zu denen es keine entsprechende reelle Funktion gibt (carg(), conj(), creal(), cimag(), cproj()), sind typgenerische Makros gleichen Namens definiert. Wird dem Makro eine Gleitpunktzahl oder eine komplexe Zahl übergeben, wird stets die entsprechende komplexe Funktion aufgerufen.

Fehlerbehandlung für mathematische Funktionen

Traditionell werden Fehlersituationen durch die Abfrage des Return-Werts einer Funktion und/oder durch die globale Fehlervariable errno ermittelt. Die Fehlervariable errno ist in der Header-Datei *errno.h* als int deklariert.

Liegt ein Argument nicht im Definitionsbereich der Funktion, erhält errno den Wert EDOM (*Domain Error*). Ist ein Funktionswert mit dem Typ des Return-Werts nicht darstellbar, erhält errno den Wert ERANGE (*Range Error*). Im Fall eines Überlaufs (Betrag des Ergebnisses zu groß) liefert die Funktion den Pseudowert HUGE_VAL mit dem richtigen Vorzeichen, bei einem Unterlauf (Ergebnis zu klein) den Wert 0.

Neben HUGE_VAL (Typ double) hat C99 auch die Pseudowerte HUGE_VALF (Typ float) und HUGE_VALL (Typ long double) definiert, die Funktionen mit dem Return-Typ float bzw. long double im Fall eines Überlaufs zurückgeben.

Außerdem wurden zwei Makros FP_ILOGB0 und FP_ILOGBNAN eingeführt. Die Funktion ilogb(x) gibt FP_ILOGB0 zurück, falls x den Wert 0 hat. Falls x keine Zahl (NAN) ist, gibt sie FP_ILOGBNAN zurück.

Gleitpunktumgebung

C stellt eine sogenannte *Gleitpunktumgebung* bereit, die es Programmen ermöglicht, flexibel auf Fehlersituationen beim Rechnen mit Gleitpunktzahlen zu reagieren und Kontrollmodi festzulegen. Alle Deklarationen dafür stehen in der Header-Datei *fenv.h*. Die Gleitpunktumgebung enthält zwei Systemvariablen: eine für Status-Flags, die von sogenannten *Gleitpunkt-Exceptions* gesetzt werden, und eine für den *Kontrollmodus*, der z. B. die Art der Rundung bestimmt. Jeder Implementierung ist es jedoch freigestellt, ob sie Gleitpunkt-Exceptions oder Kontrollmodi unterstützt.

In einer Umgebung, die die Gleitpunkt-Exceptions unterstützt, ist für jede mögliche Exception ein Makro für das entsprechende Status-Flag definiert:

Tabelle 37: Makros für Gleitpunkt-Exceptions in fenv.h

Makro	Fehlersituation
`FE_DIVBYZERO`	Division durch 0
`FE_INEXACT`	Ergebnis der Operation nicht exakt
`FE_INVALID`	unzulässiger Wert, z. B. nicht im Definitionsbereich
`FE_OVERFLOW`	Überlauf
`FE_UNDERFLOW`	Unterlauf

Mehrere Konstanten können durch die bitweise `ODER`-Verknüpfung `|` kombiniert werden. Das Makro `FE_ALL_EXCEPT` ist die bitweise `ODER`-Verknüpfung aller oben genannten Konstanten. Die Systemvariable für den Status der Gleitpunkt-Exceptions hat den Typ `fexcept_t`.

Für Gleitpunkt-Exceptions stehen die folgenden Funktionen zur Verfügung. Der letzte Parameter legt jeweils fest, welche der oben genannten Exceptions gemeint sind. Bis auf die Funktion `fetestexcept()` geben alle Funktionen `0` zurück, wenn kein Fehler auftrat.

`int` **`fetestexcept`** `(int` *`excepts`*`);`
: Prüft, welche der angegebenen Gleitpunkt-Exceptions gesetzt sind. Im Return-Wert sind die Bits gesetzt, die im Argument und in der Gleitpunktumgebung gesetzt sind.

`int` **`feclearexcept`**`(int` *`excepts`*`);`
: Löscht die angegebenen Gleitpunkt-Exceptions.

`int` **`feraiseexcept`**`(int` *`excepts`*`);`
: Löst die angegebenen Gleitpunkt-Exceptions aus.

`int` **`fegetexceptflag`**`(fexcept_t *`*`flagp`*`, int` *`excepts`*`);`
: Speichert den Status der angegebenen Exceptions im Objekt `*`*`flagp`*.

`int` **`fesetexceptflag`**`(const fexcept_t *`*`flagp`*`, int` *`excepts`*`);`
: Setzt den Exception-Status gemäß den Flags in `*flagp`, die zuvor mit `fegetexceptflag()` gesichert wurden.

Mit dem *Kontrollmodus* wird unter anderem festgelegt, wie gerundet wird. Dafür sind die folgenden symbolischen Konstanten definiert:

Tabelle 38: Kontrolle des Rundungsverhaltens

Makro	Rundungsart
FE_DOWNWARD	zum nächstkleineren Wert abrunden
FE_TONEAREST	zum nächsten Wert runden
FE_TOWARDZERO	abschneiden
FE_UPWARD	zum nächstgrößeren Wert aufrunden

Die Rundungsart kann mit den Funktionen `int fegetround()` und `int fesetround(int round)` abgefragt oder verändert werden.

Die folgenden Funktionen behandeln die Gleitpunktumgebung als Ganzes. Der Typ `fenv_t` repräsentiert dabei die gesamte Gleitpunktumgebung.

`int` **`fegetenv`**`(fenv_t *`*`envp`*`);`
: Speichert die aktuelle Gleitpunktumgebung im Objekt `*`*`envp`*.

`int `**`fesetenv`**`(const fenv_t *`*`envp`*`);`
: Setzt die übergebene Gleitpunktumgebung.

`int `**`feholdexcept`**`(fenv_t *`*`envp`*`);`
: Schaltet den *Non-Stop-Modus* ein, d. h., im Fall einer Gleitpunkt-Exception wird weitergerechnet. Zuvor wird die aktuelle Gleitpunktumgebung im Objekt `*envp` gesichert, und die Status-Flags werden gelöscht.
: Der Return-Wert ist `0`, falls der Non-Stop-Modus gesetzt werden konnte.

`int `**`feupdateenv`**`(const fenv_t *`*`envp`*`);`
: Setzt die übergebene Gleitpunktumgebung. Zuvor gesetzte Exceptions werden anschließend wieder ausgelöst.

Bei den Funktionen `fesetenv()` und `feupdateenv()` kann auch das Makro `FE_DFL_ENV` als Argument verwendet werden. Es ist ein Zeiger auf die Gleitpunktumgebung, die beim Programmstart gesetzt ist.

Bei einer Implementierung, die die Gleitpunktumgebung unterstützt, muss diese nicht notwendigerweise aktiv sein. Dann kann sie durch das Pragma

```
#pragma STDC FENV_ACCESS ON
```

aktiviert werden. Mit dem Schalter `OFF` wird sie deaktiviert.

Das Makro `math_errhandling`, das in *math.h* definiert ist, liefert die Information, ob ein Programm mit der Fehlervariablen `errno` und/oder mit der Gleitpunktumgebung arbeitet:

- Ist der Ausdruck `math_errhandling & MATH_ERRNO` nicht 0, wird die Fehlervariable `errno` gesetzt.
- Ist der Ausdruck `math_errhandling & MATH_ERREXCEPT` nicht 0, werden Exceptions der Gleitpunktumgebung ausgelöst.

Zeichenklassifizierung/Umwandlung

Zum Testen und Umwandeln von Zeichen des Typs `char` stellt die Header-Datei *ctype.h* verschiedene `is...`- und `to...`-Funktionen bereit. Sie erwarten als Argument ein Zeichen, dessen Code zwischen 0 und 255 liegt oder EOF ist.

Die is...-Funktionen testen, ob ein Zeichen zu einer bestimmten Kategorie von Zeichen gehört. Dabei wird die aktuell gesetzte lokale Umgebung berücksichtigt (siehe den Abschnitt *Internationalisierung* auf Seite 161). Der Return-Wert ist von 0 verschieden, also »wahr«, wenn das Zeichen in die getestete Kategorie fällt, andernfalls 0.

Tabelle 39: Funktionen zur Bestimmung der Zeichenkategorie

Testkategorie	Funktion
Buchstabe	`int isalpha(int c);`
Kleinbuchstabe	`int islower(int c);`
Großbuchstabe	`int isupper(int c);`
Dezimalziffer	`int isdigit(int c);`
Hexadezimalziffer	`int isxdigit(int c);`
Buchstabe oder Dezimalziffer	`int isalnum(int c);`
Druckbares Zeichen	`int isprint(int c);`
Druckbares Zeichen, aber kein Leerzeichen	`int isgraph(int c);`
Zwischenraumzeichen	`int isspace(int c);`
Interpunktionszeichen	`int ispunct(int c);`
Steuerzeichen	`int iscntrl(int c);`
Leerzeichen oder horizontaler Tabulator	`int isblank(int c);`

Beispiel:

```
int c= getchar();      // Zeichen einlesen.
if( isdigit(c) ) ...   // Ist es eine Dezimalziffer?
```

Mit den to...-Funktionen werden Zeichen von Groß- in Kleinbuchstaben (und umgekehrt) umgewandelt.

Tabelle 40: Funktionen zur Zeichenumwandlung

Richtung	Funktion
Groß- in Kleinbuchstabe	`int tolower(int c);`
Klein- in Großbuchstabe	`int toupper(int c);`

In der Header-Datei *wctype.h* sind entsprechende Funktionen `isw...` und `tow...` für Zeichen vom Typ `wchart_t` deklariert. Diese erwarten ein Zeichen vom Typ `wint_t`, dessen Wert zwischen `0` und `32767` liegt oder `WEOF` ist.

Darüber hinaus gibt es die sogenannten *erweiterbaren* Funktionen `iswctype()` und `towctrans()`, die in flexibler Weise Zeichen testen/umwandeln können. Bevor eine der Funktionen aufgerufen wird, ist das Test-/Umwandlungskriterium an die Funktion `wctype()` bzw. `wctrans()` als Zeichenkette zu übergeben.

Beispiele:

```
iswctype(wc, wctype("lower"));
towctrans(wc, wctrans("upper"));
```

Dic Aufrufe sind äquivalent zu `iswlower(wc);` und `towupper(wc);`. Die Funktionen `wctype()` und `wctrans()` haben einen Return-Wert vom Typ `wctype_t` bzw. `wctrans_t`.

Zur Umwandlung von Zeichen des Typs `unsigned char` in den Typ `wchar_t` ist in *wchar.h* die Funktion `btowc()` deklariert. Die Umwandlung in umgekehrter Richtung leistet die Funktion `wctob()`. Ist die Umwandlung nicht möglich, wird `EOF` bzw. `WEOF` zurückgeliefert.

Alle Funktionen berücksichtigen sprachspezifische Besonderheiten, d. h. die aktuell gesetzte lokale Umgebung (siehe den Abschnitt *Internationalisierung* auf Seite 161).

String-Verarbeitung

C kennt keinen elementaren Datentyp für Strings. Vielmehr ist ein String eine zusammenhängende Folge von Zeichen, die mit dem abschließenden String-Endezeichen in einem Vektor gespeichert ist. Ein String wird durch einen Zeiger auf das erste Zeichen repräsentiert.

Ein String ist ein *byte-String*, wenn er aus byte-Zeichen besteht und entsprechend in einem `char`-Vektor gespeichert ist. Dagegen besteht ein *wide-String* aus wide-Zeichen und ist in einem Vektor mit Elementen vom Typ `wchar_t` gespeichert.

Die traditionellen Funktionen zur Verarbeitung von byte-Strings sind in *string.h* deklariert. Das Ergebnis wird stets als Return-Wert zurückgegeben. Bei Funktionen, die ein Zeichen oder Teilstring suchen, ist dies ein Zeiger auf die gefundene Stelle oder der Null-Zeiger, falls die Suche erfolglos war.

char ***strcat**(char *s1, const char *s2);
: Hängt den String *s2* an das Ende von *s1*. Hierbei überschreibt das erste Zeichen von *s2* das String-Endezeichen von *s1*.

char ***strchr**(const char *s, int c);
: Sucht im String *s* das erste Auftreten des Zeichens *c*.

int **strcmp**(const char *s1, const char *s2);
: Vergleicht die Strings *s1* und *s2* lexikografisch und gibt einen Wert zurück, der kleiner als 0, gleich 0 oder größer als 0 ist, je nachdem, ob s1 kleiner, gleich oder größer als s2 ist.

int **strcoll**(const char *s1, const char *s2);
: Transformiert intern die Strings *s1* und *s2* mithilfe der Funktion strxfrm(), um sie dann mit strcmp() zu vergleichen.

char ***strcpy**(char *s1, const char *s2);
: Kopiert *s2* in den durch *s1* adressierten char-Vektor. Dieser muss groß genug sein, um *s2* mit dem String-Endezeichen '\0' aufzunehmen.

int **strcspn**(const char *s1, const char *s2);
: Bestimmt die Länge des führenden Teilstrings von *s1*, der keines der Zeichen von *s2* enthält.

size_t **strlen**(const char *s);
: Bestimmt die Länge des durch *s* adressierten Strings, d. h. die Anzahl der im String vorkommenden Zeichen ohne das String-Endezeichen '\0'.

char ***strncat**(char *s1, const char *s2, size_t n);
: Hängt die ersten *n* Zeichen von *s2* und das String-Endezeichen an *s1*.

int **strncmp**(const char *s1, const char *s2, size_t n);
: Vergleicht die ersten *n* Zeichen der Strings *s1* und *s2* lexikografisch. Return-Wert wie bei strcmp().

char ***strncpy**(char *s1, const char *s2, size_t n);
: Kopiert die ersten *n* Zeichen von *s2* in den char-Vektor *s1*. Das String-Endezeichen '\0' wird nicht angehängt.

`char *strpbrk(const char *s1, const char *s2);`
: Sucht in *s1* das erste Auftreten eines der in *s2* enthaltenen Zeichen.

`char *strrchr(const char *s, int c);`
: Sucht in *s* das letzte Auftreten des Zeichens *c*. Das String-Endezeichen `'\0'` gilt als Zeichen des Strings.

`int strspn(const char *s1, const char *s2);`
: Bestimmt die Länge des führenden Teilstrings von *s1*, der nur Zeichen aus *s2* enthält.

`char *strstr(const char *s1, const char *s2);`
: Sucht in *s1* das erste Auftreten von *s2*.

`char *strtok(char *s1, const char *s2);`
: Zerlegt *s1* in Teilstrings, die durch Zeichen in *s2* getrennt sind.

`size_t strxfrm(char *s1, const char *s2, size_t n);`
: Transformiert *s2* unter Berücksichtigung der lokalen Umgebung und kopiert das Ergebnis in den `char`-Vektor *s1* der Länge *n*.

Entsprechende Funktionen für wide-Strings sind in der Header-Datei *wchar.h* deklariert und beginnen stets mit `wcs` anstelle von `str`.

Die traditionellen Funktionen, die in einen Vektor schreiben, sind unsicher, da sie bei einem fehlerhaften Aufruf Daten nach dem Ende des Zielvektors überschreiben können. Daher stellt C11 optional die folgenden alternativen secure-Funktionen zur Verfügung (siehe den Abschnitt *Funktionen mit Bereichsüberprüfung* auf Seite 164).

> `strnlen_s()`, `strcpy_s()`, `strncpy_s()`, `strcat_s()`, `strncat_s()` und `strtok_s()`

Diese Funktionen sind in der Header-Datei *string.h* deklariert. Die entsprechenden Funktionen für wide-Strings, also `wcsnlen_s()` usw., sind wiederum in *wchar.h* deklariert.

Die secure-Funktionen erhalten zu jedem Zeigerargument, das auf einen Zielvektor verweist, ein zusätzliches Argument, das die Größe des Zielvektors angibt. Bis auf die Funktionen `strnlen_s()` und `strtok_s()` sowie `wcsnlen_s()` und `wcstok_s()` geben alle Funktionen eine ganze Zahl vom Typ `errno_t` zurück: Der Return-Wert ist `0` bei einer erfolgreichen Ausführung, andernfalls ungleich `0`.

Strings und Zahlen

Um führende Ziffern in einem String numerisch zu interpretieren, sind verschiedene Funktionen in der Header-Datei in *stdlib.h* deklariert. Das Ergebnis wird als Return-Wert zurückgegeben.

`int` **`atoi`**`(const char *s);`
: Konvertiert den Inhalt des Strings *s* in einen `int`-Wert. Führende Zwischenraumzeichen werden ignoriert. Zur Konvertierung in `long`, `long long` und `double` stehen die Funktionen `atol()`, `atoll()` und `atof()` zur Verfügung.

`double` **`strtod`**`(const char *s, char **pptr);`
: Arbeitet wie `atof()`, erwartet jedoch zusätzlich als zweites Argument die Adresse eines `char`-Zeigers. Ist der Zeiger *pptr* nicht `NULL`, wird der `char`-Zeiger **pptr* auf das erste Zeichen im String *s* gesetzt, das kein Teil der Gleitpunktzahl ist.

  Zur Konvertierung in `float` und `long double` sind die entsprechenden Funktionen `strtof()` und `strtold()` deklariert.

`long` **`strtol`**`(const char *s, char **pptr, int base);`
: Konvertiert in den Typ `long` und erwartet als drittes Argument die Basis der Ganzzahl, in die konvertiert werden soll. *base* ist eine Ganzzahl zwischen 2 und 36 oder gleich 0. Im letzten Fall wird als Basis 8, 16 oder 10 angenommen, je nachdem, ob die Zeichen in *s* mit 0, 0x oder mit einer der Ziffern 1 bis 9 beginnen.

  Zur Konvertierung in `unsigned long`, `long long` und `unsigned long long` gibt es die Funktionen `strtoul()`, `strtoll()` und `strtoull()`.

In der Header-Datei *inttypes.h* sind außerdem die Funktionen `strtoimax()` und `strtoumax()` deklariert, die führende Ziffern in einem String in eine Ganzzahl vom Typ `intmax_t` bzw. `uintmax_t` konvertieren.

Entsprechende Funktionen für wide-Strings sind in der Header-Datei *wchar.h* deklariert, die mit `wcs...` anstelle von `str...` beginnen.

Zur formatierten Darstellung numerischer Werte in einem String steht die folgende Funktion aus der `printf`-Familie zur Verfügung:

`int` **`sprintf`**`(char *s,const char *form,... /*a1,...,an*/);`
Kopiert den Formatstring `form` mit den Werten der Argumentliste `a1,...,an` formatiert in den String `s`.

Umgekehrt ist auch das formatierte Lesen aus einem String möglich:

`int` **`sscanf`**`(char *s,const char *form,... /*a1,...,an*/);`
Liest und konvertiert Daten aus `s` und schreibt sie in die durch `a1,...,an` adressierten Speicherplätze.

Die Funktionen `vsprintf()` und `vsscanf()` erwarten dagegen einen Zeiger auf eine Argumentliste anstelle der Argumente selbst; `snprintf()` und `vsnprintf()` schreiben maximal `n-1` Zeichen in den String `s`.

Entsprechende wide-String-Funktionen sind in *wchar.h* deklariert. Das für »string« stehende Zeichen `s` im Namen der `byte`-String-Funktionen wird dabei durch `sw` ersetzt, beispielsweise `swprintf()`.

Mit C11 gibt es zu jeder der `sprintf`- und `sscanf`-Funktionen auch eine alternative secure-Funktion mit der Namensendung `_s`, sofern das Makro `__STDC_LIB_EXT1__` definiert ist.

Konvertierung von Multibyte-Zeichen

Ein Multibyte-Zeichen kann im Speicher mehr als ein Byte belegen, jedoch höchstens `MB_CUR_MAX` Byte. Das Makro `MB_CUR_MAX` ist in *stdlib.h* definiert. Sein Wert hängt von der aktuell gesetzten lokalen Umgebung ab. In der Standardumgebung »C« hat `MB_CUR_MAX` den Wert `1`.

Zu jedem Multibyte-Zeichen gibt es genau ein Zeichen vom Typ `wchar_t`. Die Funktionen zur Konvertierung von Multibyte-Zeichen sind in der Header-Datei *stdlib.h* deklariert.

`int` **`mblen`**`(const char *s, size_t` *`max`*`);`
Bestimmt die Länge des Multibyte-Zeichens in *`s`*, das aus höchstens *`max`* Byte bestehen darf. Es ist stets `max <= MB_CUR_MAX`.

`size_t` **`wctomb`**`(char*` *`s`*`, wchar_t` *`wc`*`);`
Konvertiert den erweiterten Code von *`wc`* in die Multibyte-Darstellung und schreibt das entsprechende Multibyte-Zeichen in *`s`*.

`size_t` **`wctombs`**`(char* s, const wchar_t *p, size_t n);`
: Konvertiert die ersten *n* wide-character-Zeichen aus *p* in Multibyte-Zeichen und kopiert diese in den `char`-Vektor `s`.

`size_t` **`mbtowc`**`(wchar_t *p, const char *s, size_t max);`
: Bestimmt zum Multibyte-Zeichen in *s* mit der maximalen Länge *max* den erweiterten Code und schreibt ihn in die `wchar_t`-Variable **p*.

`size_t` **`mbtowcs`**`(wchar_t *p, const char *s, size_t n);`
: Kopiert die ersten *n* Multibyte-Zeichen aus *s* in *p*.

Entsprechende Funktionen mit einem zusätzlichen `r` (*restartable*) im Namen sind in *wchar.h* deklariert. Sie unterscheiden sich nur dadurch, dass sie einen weiteren Parameter für aktuelle Statusinformationen zur Konvertierung vom Typ `mbstate_t` besitzen. Darüber hinaus kann mit der Funktion `mbsinit()` geprüft werden, ob die aktuellen Statusinformationen mit dem beim Programmstart gesetzten Konvertierungsstatus übereinstimmen.

C11 hat zur Darstellung von Unicode-Zeichen die Typen `char16_t` und `char32_t` eingeführt. Für die Umwandlung eines Zeichens vom Typ `char16_t` oder `char32_t` in ein Multibyte-Zeichen und für die umgekehrte Umwandlung sind in der Header-Datei *uchar.h* die folgenden vier Funktionen deklariert:

`mbrtoc16()`, `c16rtomb()`, `mbrtoc32()` und `c32rtomb()`

C11 stellt außerdem die folgenden alternativen secure-Funktionen zur Verfügung, sofern das Makro `__STDC_LIB_EXT1__` definiert ist:

`wctomb_s()`, `wcstombs_s()` und `mbstowcs_s()`

Das gilt auch für die entsprechenden restartable-Versionen:

`wcrtomb_s()`, `wcsrtombs_s()` und `mbsrtowcs_s()`

Sortieren und Suchen

Zum Sortieren und Suchen gibt es folgende zwei Funktionen, die in der Header-Datei *stdlib.h* deklariert sind. Die Schnittstelle dieser

Funktionen ist so allgemein, dass die Funktionen für jeden Vektortyp aufgerufen werden können.

```
void qsort(void *v, size_t n, size_t size,
           int (*compare)(const void*, const void*));
```

Sortiert den Vektor *v* mit einem schnellen Sortierverfahren, beispielsweise dem Quick-Sort-Algorithmus. Der Vektor besitzt *n* Elemente der Größe *size*.

```
void *bsearch(const void *key, const void *v,
              size_t n, size_t size,
              int (*compare)(const void*, const void*));
```

Sucht in einem sortierten Vektor *v* nach dem durch *key* adressierten Schlüssel mit dem binären Suchverfahren. Der Vektor *v* enthält *n* Vektorelemente der Größe *size*.

Der Return-Wert ist ein Zeiger auf ein Vektorelement, dessen Schlüssel mit dem gesuchten Schlüssel übereinstimmt. Der Return-Wert ist `NULL`, falls es keinen Treffer gab.

Wie zwei Vektorelemente zu vergleichen sind, legt jeweils eine Funktion fest, deren Adresse mit dem letzten Argument *compare* übergeben wird.

Die Vergleichsfunktion muss normalerweise selbst definiert werden. Die Parameter dieser Funktion sind zwei Zeiger auf die Vektorelemente, die zu vergleichen sind. Der Return-Wert ist kleiner als `0`, gleich `0` oder größer als `0`, je nachdem, ob das erste Vektorelement kleiner, gleich oder größer als das zweite Element ist. Zum Sortieren eines Vektors mit `float`-Werten kann z. B. folgende Vergleichsfunktion verwendet werden:

Beispiel:

```
int floatcmp(const void* p1, const void* p2)
{  float x = *(float *)p1,
         y = *(float *)p2;
   return  x <= y ? (x<y ? -1 : 0) : 1;
}
```

C11 stellt für das Sortieren und Suchen die folgenden alternativen secure-Funktionen zur Verfügung, sofern das Makro `__STDC_LIB_EXT1__` definiert ist. Diese Funktionen sind ebenfalls in der Header-Datei *stdlib.h* deklariert.

```
errno_t qsort_s(const void *v, rsize_t n, rsize_t size,
                int (*compare)(const void *p1,
                const void *p2, void *context), void *context));
```

Sortiert wie qsort() den Vektor *v*, der aus *n* Elementen der Größe *size* besteht. Im Unterschied zu qsort() besitzt die Funktion qsort_s() den zusätzlichen Parameter *context*. Das Argument für *context* darf NULL sein und wird lediglich an die Vergleichsfunktion *compare* weitergegeben.

Falls kein Fehler auftrat, gibt qsort_s() den Wert 0 zurück, andernfalls einen Wert ungleich 0.

```
void *bsearch_s(const void *key, const void *v,
                size_t n, size_t size,
                int (*compare)(const void *p1, const void *p2,
                void *context), void *context));
```

Sucht wie bsearch() in einem sortierten Vektor *v* nach dem durch *key* adressierten Schlüssel. Im Unterschied zu bsearch() besitzt die Funktion bsearch_s() den zusätzlichen Parameter *context*. Das Argument für *context* darf NULL sein und wird wie bei qsort_s() an die Vergleichsfunktion *compare* weitergegeben.

Speichermanipulationen

Mit den folgenden in *string.h* deklarierten Funktionen werden Speicherblöcke kopiert, verglichen, durchsucht oder initialisiert.

```
void *memchr(const void *buf, int c, size_t n);
```

Sucht in den ersten *n* Byte des Puffers *buf* nach dem Zeichen *c*.

```
void *memcmp(const void *s1, const void *s2, size_t n);
```

Vergleicht lexikografisch die ersten *n* Byte im Puffer *s1* mit denen im Puffer *s2*. Der Return-Wert ist kleiner als 0, gleich 0 oder größer als 0, je nachdem, ob s1 kleiner, gleich oder größer als s2 ist.

`void *memcpy(void *dest, const void *src, size_t n);`
: Kopiert *n* Byte aus dem Puffer `src` in den Puffer `dest`.

`void *memmove(void *dest, const void *src, size_t n);`
: Kopiert *n* Byte aus dem Puffer `src` in `dest`. Falls die Puffer überlappen, werden Zeichen zuerst gelesen und dann überschrieben.

`void *memset( void *dest, int c, size_t n);`
: Füllt die ersten *n* Byte des Puffers `dest` mit *c* auf.

Zum Bearbeitung von Speicherblöcken mit Zeichen vom Typ `wchar_t` sind in der Header-Datei *wchar.h* entsprechende `wmem`-Funktionen deklariert.

Das Schreiben in Speicherblöcken unbekannter Größe ist unsicher. Daher stellt C11 optional die folgenden alternativen secure-Funktionen zur Verfügung (siehe den Abschnitt *Funktionen mit Bereichsüberprüfung* auf Seite 164).

```
memcpy_s(), memmove_s(), memset_s()
```

Diese Funktionen sind ebenfalls in der Header-Datei *string.h* deklariert. Die entsprechenden Funktionen für wide-Strings, also `wmemcpy_s()` usw., sind wieder in *wchar.h* deklariert.

Die secure-Funktionen erhalten zusätzlich zur Anfangsadresse des Speicherblocks ein weiteres, zweites Argument, das die Größe des Speicherblocks angibt. Der Return-Wert dieser Funktionen vom Typ `errno_t` ist `0`, wenn kein Fehler auftrat, andernfalls ungleich `0`.

Dynamische Speicherverwaltung

Die Möglichkeit, dynamisch (d. h. zur Laufzeit des Programms) Platz im Hauptspeicher zu reservieren und wieder freizugeben, ist ein wesentliches Hilfsmittel für den effizienten Umgang mit dem Speicher. Die Funktionen zur dynamischen Speicherverwaltung sind in *stdlib.h* deklariert.

Nach erfolgreicher Reservierung erhält das Programm einen typenlosen Zeiger auf den Anfang eines Speicherblocks, der die angeforderte Größe besitzt. Das Programm kann den zugeteilten Speicher in beliebiger Weise verwenden. Nicht mehr benötigter Speicher sollte wieder freigegeben werden. Bei Programmende wird dynamisch reservierter Speicher automatisch freigegeben.

`void *`**`malloc`**`(size_t `*`size`*`);`
: Reserviert einen Speicherbereich von *size* Byte.

`void *`**`calloc`**`(size_t `*`n`*`, size_t `*`size`*`);`
: Reserviert Speicherplatz für einen Vektor mit *n* Elementen der Größe *size* und initialisiert jedes Byte mit dem Wert `0`.

`void *`**`realloc`**`(void *`*`ptr`*`, size_t `*`n`*`);`
: Ändert die Länge des durch *ptr* adressierten Speicherbereichs in die neue Länge *n*. Wenn es notwendig ist, den zugeteilten Speicher zu verlagern, wird der alte Inhalt in den neuen Speicherbereich kopiert.

`void `**`free`**`(void *`*`ptr`*`);`
: Gibt den durch *ptr* adressierten Speicherbereich frei.

Beispiel:

```
// Platz für 1000 int-Werte:
int *iArr = (int*)malloc( 1000*sizeof(int));
```

Die Funktionen können mehrmals und in beliebiger Reihenfolge aufgerufen werden. Natürlich können `realloc()` und `free()` nur für Speicherblöcke aufgerufen werden, die dem Programm zuvor dynamisch zugeteilt wurden.

Zeit und Datum

Die C-Standardbibliothek enthält einen Satz von Funktionen, um Zeit und Datum zu bestimmen, umzurechnen oder für die Ausgabe zu formatieren. Die entsprechenden Deklarationen befinden sich in der Header-Datei *time.h*.

Die zentralen Funktionen zur Bestimmung der Zeit sind:

`clock_t `**`clock`**`(void);`
: Liefert die Prozessorzeit vom Typ `clock_t` (i. Allg. `long`), die das Programm bis dahin verbraucht hat. Durch Division mit der

Konstanten `CLOCKS_PER_SEC` wird das Ergebnis in Sekunden umgerechnet.

`time_t` **`time`**`(time_t *`*`pSec`*`);`
: Liefert die Anzahl der Sekunden, die seit einem bestimmten Zeitpunkt vergangen sind (i. Allg. seit dem 1.1.1970, 00:00:00 Uhr). Ist *pSec* nicht der Null-Zeiger, wird das Ergebnis auch in **pSec* abgelegt. Der Typ `time_t` ist gewöhnlich als `long` definiert.

Die Funktionen zur Konvertierung und Formatierung von Datum und Zeit:

`double` **`difftime`**`(time_t `*`zeit1`*`, time_t `*`zeit0`*` );`
: Liefert die Anzahl der Sekunden zwischen *zeit0* und *zeit1*.

`struct tm*` **`gmtime`**`(const time_t *`*`pSec`*`);`
: Liefert einen Zeiger auf eine Struktur vom Typ `struct tm` mit der aktuellen Greenwich Mean Time. Die Struktur besitzt `int`-Komponenten für Sekunden, Minuten, Stunden, Monat usw.

`struct tm*` **`localtime`**`(const time_t *`*`pSec`*`);`
: Liefert analog zu `gmtime()` die lokale Zeit.

```
char *ctime(const time_t *pSec);
char *asctime(const struct tm *ptm);
size_t strftime(char *dest, size_t maxsize,
                const char *format, const struct tm *ptm);
```
: Diese Funktionen liefern einen String mit dem lokalen Datum und der Zeit. `strftime()` bietet weitreichende Formatierungsmöglichkeiten.

Die Funktion `wcsftime()` ist eine Version von `strftime()` für wide-Strings und ist in der Header-Datei *wchar.h* deklariert.

Zeit und Datum sind hier im Überblick dargestellt:

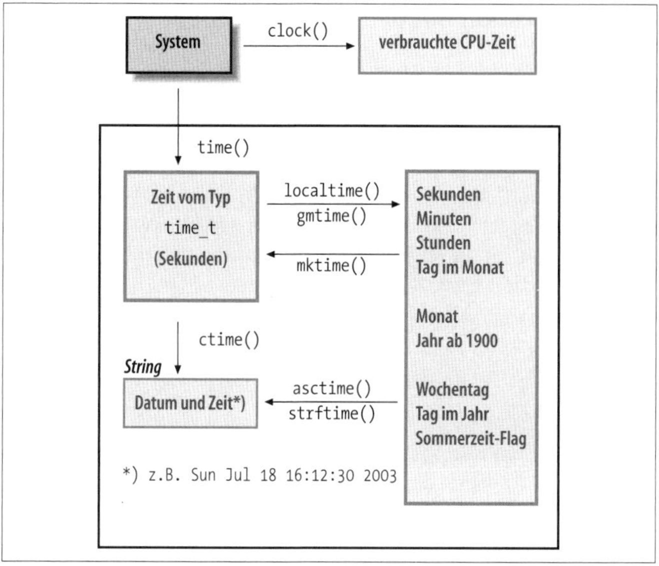

Die traditionellen Funktionen, die Zeiten in einem String oder einer Struktur liefern, verwenden ein internes, statisches Objekt und geben einen Zeiger darauf zurück. Damit können sie nicht in einer Multithreading-Umgebung aufgerufen werden. Im Unterschied dazu erhalten die entsprechenden alternativen secure-Funktionen als zusätzliches Argument einen String bzw. eine Struktur für das Ergebnis. Mit C11 stehen die folgenden secure-Funktionen zur Verfügung, sofern das Makro `__STDC_LIB_EXT1__` definiert ist. Sie sind ebenfalls in der Header-Datei *time.h* deklariert.

```
asctime_s(), ctime_s(), gmtime_s(), localtime_s()
```

Prozesskontrolle

Ein Prozess ist ein Programm, das ausgeführt wird. Welche Attribute zu einem Prozess gehören, hängt vom jeweiligen System ab. Daher ist auch die genaue Wirkungsweise der Funktionen zur Prozesskontrolle systemabhängig.

Kommunikation mit dem Betriebssystem

Die folgenden Funktionen sind in der Header-Datei *stdlib.h* deklariert.

Umgebung

Unter Betriebssystemen wie Unix oder Windows wird jeder Prozess mit einer Umgebung (engl. *Environment*) gestartet, die aus einer Liste von Strings der Form NAME=WERT besteht. Der Wert dieser sogenannten Umgebungsvariablen kann mit der Funktion `getenv()` abgefragt werden.

Die Funktion `getenv()` ist nicht notwendigerweise Thread-save. Daher stellt C11 die alternative secure-Funktion `getenv_s()` zur Verfügung, sofern das Makro `__STDC_LIB_EXT1__` definiert ist.

Systemaufruf

Mit der Funktion `system()` wird der Kommando-Interpreter des Systems aktiviert, der das übergebene Kommando zur Ausführung bringt.

Programmbeendigung

Die *normale* Beendigung eines C-Programms erfolgt durch den Aufruf der Funktion `exit()` oder durch eine `return`-Anweisung in der Funktion `main()`. Bei normaler Beendigung werden

1. die Funktionen ausgeführt, die zuvor mit `atexit()` installiert wurden,
2. die Puffer der I/O-Funktionen übertragen und die Dateien geschlossen,
3. die mit `tmpfile()` erzeugten Dateien gelöscht.

Für eine »schnelle normale« Beendigung des Programms stehen die Funktionen `_Exit()` und `quick_exit()` zur Verfügung:

`_Exit()` beendet das Programm ohne den Aufruf irgendwelcher Aufräumfunktionen, also ohne die oben genannte 1. Aktion. Ob Dateien geschlossen und temporäre Dateien gelöscht werden (2. und 3. Aktion), hängt von der C-Implementierung ab.

`quick_exit()` führt zunächst die Funktionen aus, die zuvor mit `at_quick_exit()` installiert wurden, und beendet dann das Programm mit einem Aufruf von `_Exit()`.

Dagegen beendet die Funktion `abort()` den Prozess sofort und ohne die eben genannten Aktionen auszuführen. Es wird jedoch eine Fehlermeldung ausgegeben, die den Abbruch des Prozesses anzeigt.

Den Funktionen `exit()`, `_Exit()` und `quick_exit()` können die in *stdlib.h* definierten Konstanten `EXIT_FAILURE` und `EXIT_SUCCESS` als Argument übergeben werden, um dem Elternprozess den Status »fehlerhaft« oder »erfolgreich« anzuzeigen.

Signale

Ein Signal wird vom Betriebssystem an einen Prozess geschickt, wenn eine Ausnahmesituation eintritt. Das kann bei einem schweren Fehler der Fall sein, wie z. B. bei einer ungültigen Adresse oder beim Eintreffen eines Hardware-Interrupts. Signale können aber auch vom Anwender per Tastatur oder vom Programm selbst mithilfe der Funktion `raise()` erzeugt werden. Funktionen und Makros für Signale sind in der Header-Datei *signal.h* deklariert.

Jedem Signal ist eine Signalnummer zugeordnet, für die symbolische Konstanten definiert sind. Dazu gehören:

Tabelle 41: Makros für Fehlersignale in signal.h

Signalnummer	Bedeutung
`SIGABRT`	*abort*: Anormale Programmbeendigung, z. B. ausgelöst durch die Funktion `abort()`.
`SIGFPE`	*floating point exception*: Ausgelöst durch Divisionsfehler oder Koprozessor- bzw. Emulator-Fehler.
`SIGILL`	*illegal instruction*: Ungültiger Maschinenbefehl.
`SIGINT`	*interrupt*: Ausgelöst durch das Drücken der Unterbrechungstaste (z. B. Ctrl-C).
`SIGSEGV`	*segmentation violation*: Ungültiger Speicherzugriff.
`SIGTERM`	*termination*: Softwarebeendigung des Programms (unter UNIX: Standardsignal des `kill`-Kommandos).

Je nach Betriebssystem sind weitere Signalnummern definiert.

`int` **`raise`**`(int` *`sig`*`);`
: Sendet das Signal *`sig`* an das ausführende Programm.

`void (*` **`signal`**`(int` *`sig`*`, void (*`*`func`*`)(int)) )(int);`
: Legt fest, wie das Programm auf das Signal mit der Nummer *`sig`* reagiert. Das zweite Argument *func* legt den »Signal-Handler«, also die Art der Reaktion, fest. Dabei kann eine Funktion angegeben werden oder eine der folgenden Konstanten:

- `SIG_DFL`: Die Standardreaktion wird ausgeführt.
- `SIG_IGN`: Das Signal wird ignoriert.

Die Standardreaktion bewirkt die Beendigung des Programms. Bei erfolglosem Aufruf liefert `signal()` den Wert `SIG_ERR` zurück.

In *signal.h* ist außerdem der ganzzahlige Datentyp `sig_atomic_t` definiert. Eine Serviceroutine für einen Hardware-Interrupt kann auf ein statisches Objekt dieses Typs uneingeschränkt zugreifen.

Nicht-lokale Sprünge

Mit einer goto-Anweisung ist nur ein lokaler Sprung innerhalb einer Funktion möglich. Durch den Aufruf des Makros `setjmp()` wird eine Stelle im Programm markiert, an der die Programmausführung mit der Funktion `longjmp()` jederzeit wieder aufgenommen werden kann. Beide Funktionen sind in der Header-Datei *setjmp.h* deklariert.

`int` **`setjmp`**`( jmp_buf` *`env`*`);`
: Speichert die aktuelle Aufrufumgebung (Register und Stack) in den durch *env* angegebenen Puffer vom Typ `jmp_buf`.

`void` **`longjmp`**`(jmp_buf` *`env`*`, int` *`retval`*`);`
: Stellt die gesicherte Aufrufumgebung wieder her, woraufhin die Programmausführung wieder bei `setjmp()` fortgesetzt wird.

Das Programm kann anhand des Return-Werts von `setjmp()` unterscheiden, ob an dieser Stelle `setjump()` gerade aufgerufen oder mit `longjmp()` dorthin zurückverzweigt wurde: `setjmp()` liefert beim direkten Aufruf den Return-Wert `0`. Bei einem Rücksprung mit `longjmp()` ist der Return-Wert von `setjmp()` ungleich `0`, nämlich der Argumentwert *`retval`*. Sollte *`retval`* `0` sein, wird `1` zurückgegeben.

Fehlerbehandlung bei Systemaufrufen

Tritt bei einem Systemaufruf ein Fehler auf, wird der globalen Fehlervariablen errno ein entsprechender Fehlercode zugewiesen. Die folgenden zwei Funktionen behandeln entsprechende Systemfehlermeldungen.

`void` **`perror`**`(const char *`*`string`*`); // In stdio.h deklariert.`

Schickt den Text *string* und die Systemfehlermeldung, die dem aktuellen Wert von errno entspricht, zur Standardfehlerausgabe.

`char *`**`strerror`**`(int `*`errnum`*`); // In string.h deklariert.`

Liefert einen Zeiger auf die zu *errnum* gehörige Systemfehlermeldung. Im Allgemeinen ist *errnum* der in der Fehlervariablen errno gespeicherte Wert.

Beispielsweise geben folgende Anweisungen das Gleiche aus:

```
perror("OPEN");
fprintf(stderr, "OPEN: %s\n", strerror(errno));
```

`void` **`assert`**`(int `*`expression`*`); // In assert.h deklariert.`

Das Makro überprüft die Gültigkeit des skalaren Ausdrucks *expression*. Ist das Ergebnis 0 (= falsch), gibt assert() den Ausdruck sowie Funktionsnamen, Dateinamen und die Zeilennummer zur Standardfehlerausgabe aus und beendet das Programm. Ist das Ergebnis von 0 verschieden (= wahr), passiert nichts.

Aufrufe von assert() werden ignoriert, wenn NDEBUG definiert ist.

Die Funktion strerror() gibt einen Zeiger auf einen statischen String zurück und ist daher nicht Thread-save. Dagegen kopiert die entsprechende secure-Funktion strerror_s() den String in einen char-Vektor des Aufrufers. Auch die Länge des Strings kann abgefragt werden.

`errno_t` **`strerror_s`**`(char *s, rsize_t `*`maxsize`*`, errno_t `*`errnum`*`);`

Kopiert die zu *errnum* gehörige Systemfehlermeldung in den char-Vektor s, der die Länge *maxsize* hat. Passt der String nicht in den Zielvektor, wird der String entsprechend gekürzt.

`size_t` **`strerrorlen_s`**`(errno_t` *`errnum`*`);`

Gibt die Länge der vollständigen Fehlermeldung zurück, die zur Fehlernummer *errnum* gehört.

Die secure-Funktionen stehen mit C11 zur Verfügung, wenn das Makro `__STDC_LIB_EXT1__` definiert ist (siehe den Abschnitt *Funktionen mit Bereichsüberprüfung* auf Seite 164.

Multithreading

Beim Start eines Programms wird ein neuer Prozess erzeugt, der das Programm ausführt. Ein Prozess besteht aus einem oder mehreren Threads, die unabhängig voneinander Anweisungen bearbeiten. Mit dem Start des Prozesses beginnt die Ausführung des Haupt-Threads. Jeder Thread kann weitere Threads starten. Spätestens wenn der Prozess endet, beispielsweise durch einen Aufruf der Funktion `exit()`, enden auch alle noch vorhandenen Threads.

Multithreading erlaubt es, innerhalb eines Prozesses Aufgaben unabhängig voneinander parallel zu bearbeiten. So können beispielsweise

- zeitaufwendige Operationen, wie das Schreiben/Lesen auf externen Speichern, im »Hintergrund« ausgeführt werden, d.h. ohne den Rest des Programms zu blockieren, oder
- rechenintensive Operationen beschleunigt werden, indem Teilaufgaben parallel gelöst werden.

Ein Rechner mit *einer* CPU (*Central Processing Unit*) kann zu einem Zeitpunkt immer nur einen Prozess und darin nur einen Thread ausführen. Alle lauffähigen Threads werden »quasi-parallel« bearbeitet, indem der Scheduler des Systems die CPU abwechselnd allen Threads zuteilt. Gewöhnlich erfolgt der Thread-Wechsel in sehr kurzen Zeitabständen. Auf modernen Mehrprozessorsystemen (einschließlich Systemen mit Multicore-Prozessoren) sind mehrere Threads tatsächlich parallel ausführbar.

Die Threads eines Prozesses erben die Ressourcen des Prozesses. So besitzen sie dieselben geöffneten Dateien und teilen sich denselben Adressraum, also insbesondere die globalen und statischen Daten. Jeder Thread besitzt aber auch eigene Ressourcen, wie beispielsweise einen eigenen Stack. Jeder Thread arbeitet also mit seinen eigenen lokalen Daten. Zusätzlich kann ein Thread auch permanenten Thread-spezifischen Speicher besitzen.

Multithreading in C

Seit C11 unterstützt C Multithreading, sodass dessen Programmierung in C portabel wird. Es ist nicht mehr notwendig, direkt auf die Funktionalität des jeweiligen Systems zuzugreifen oder eine entsprechende Bibliothek zu verwenden. Zu diesem Zweck definiert C11 auch ein geeignetes *Speichermodell* und unterstützt *atomare Operationen*. Zu beachten ist aber, dass in C11 die Unterstützung von Multithreading und atomaren Operation optional ist. Eine C11-konforme Implementierung definiert die Makros `__STDC_NO_THREADS__` und `__STDC_NO_ATOMICS__`, wenn die entsprechenden Features nicht bereitgestellt werden.

Alle Funktionen und Typen der Multithreading-Bibliothek sind in der Header-Datei *threads.h* deklariert. Auch die zugehörigen Makros sind hier definiert. Die Bibliothek umfasst die folgenden vier Bereiche;

- Managen von Threads
- Synchronisation mit Mutex-Objekten
- Kommunikation von Threads mit Bedingungsvariablen
- Thread-spezifischer Speicher

Entsprechend beginnen die Namen der Typen und Funktionen mit einem der Präfixe `thrd_`, `mtx_`, `cnd_` oder `tss_`. So bezeichnet `thrd_t` den Typ, der einen Thread identifiziert. Von dieser Namenskonvention ausgenommen ist nur die folgende Funktion.

`void` **`call_once`**`(once_flag *`*`flag`*`, void (*`*`func`*`)(void));`

Dies garantiert, dass die angegebene Funktion *func* genau einmal aufgerufen wird. Das ist hilfreich für die Initialisierung von Daten, die von mehreren Threads gemeinsam genutzt werden. Die Funktion `call_once()` verwendet das Flag *flag*, das mit dem Wert des Makros `ONCE_FLAG_INIT` zu initialisieren ist.

Threads erzeugen und managen

Die Funktion `thrd_create()` erzeugt und startet einen neuen Thread. Beim Anlegen des Threads ist insbesondere die auszuführende Funktion anzugeben. Später im Programm kann auf die Beendigung des Threads gewartet werden, um mit dem Ergebnis des Threads weiterzuarbeiten.

`int` **`thrd_create`**`(thrd_t *`*`thr`*`, thrd_start_t` *`func`*`, void *`*`arg`*`);`
: Erzeugt einen neuen Thread, der *func*(*arg*) ausführt, d.h., die *Thread-Funktion func* wird mit dem typenlosen Zeiger *arg* als Argument aufgerufen. Der Typ `thrd_start_t` ist definiert als `int (*)(void*)`, also als Zeiger auf eine Funktion, die insbesondere einen `int`-Wert zurückgibt. Dieser kann später beim Aufruf der Funktion `thrd_join()` abgefragt werden.

  Konnte der Thread erfolgreich gestartet werden, schreibt die Funktion die Kennung des neuen Threads in das Objekt, auf das *thr* verweist, und gibt den Wert `thrd_success` zurück. Falls nicht genug Speicher für den neuen Thread zur Verfügung steht, wird der Return-Wert `thrd_nomem` zurückgegeben, falls ein anderer Fehler auftrat, `thrd_error`.

`int` **`thrd_join`**`(thrd_t` *`thr`*`, int *`*`res`*`);`
: Blockiert den aktuellen Thread, in dem `thrd_join()` aufgerufen wird, und wartet, bis der übergebene Thread *thr* beendet ist. Ist *res* nicht der Null-Zeiger, schreibt die Funktion den Return-Wert der Thread-Funktion in die durch *res* adressierte `int`-Variable.

`int` **`thrd_detach`**`(thrd_t` *`thr`*`);`
: Gibt die für den Thread *thr* reservierten Ressourcen frei, sobald die Ausführung des Threads endet.

Für einen Thread darf nur eine der Funktionen `thrd_join()` oder `thrd_detach()` aufgerufen werden, und das auch nur einmal. Der Return-Wert beider Funktionen ist `thrd_success`, falls kein Fehler auftrat, andernfalls `thrd_error`.

Im folgenden kurzen Beispiel erzeugt der Haupt-Thread zwei neue Threads, die das übergebene Zeichen mehrfach ausgeben. Da die

Thread-Funktionen keinen int-Wert zurückgeben, wird die Funktion thrd_join() mit dem Null-Zeiger als zweites Argument aufgerufen.

Beispiel:

```
#include <stdio.h>
#include <threads.h>

void myfunc(char *arg)          // Thread-Funktion.
{
    for(int i = 0; i < 500; ++i)
        putchar(*arg);
    putchar('\n');
}

int main()
{
    thrd_t th1, th2;
                                // Threads erzeugen und starten:
    if( thrd_create(&th1, (thrd_start_t)myfunc, "A")
        != thrd_success
        || thrd_create(&th2, (thrd_start_t)myfunc, "B")
           != thrd_success)
    {
        fputs("Fehler beim Erzeugen der Threads", stderr);
        return -1;
    }
    puts("Hallo vom Main-Thread ... ");
    thrd_join(th1, NULL);       // Auf Beendigung der Threads
                                // warten.
    thrd_join(th2, NULL);
    return 0;
}
```

Neben den zuvor beschriebenen drei Funktionen stellt C fünf weitere Funktionen für Threads bereit:

thrd_t **thrd_current**(void);
: Liefert die Kennung des aktuellen (d.h. aufrufenden) Threads.

int **thrd_equal**(thrd_t *thr0*, thrd_t *thr1*);
: Liefert einen Wert ungleich 0, wenn die beiden Kennungen denselben Thread bezeichnen, andernfalls 0.

`int **thrd_sleep**(const struct timespec *duration, struct timespec *remaining);`

Blockiert den aufrufenden Thread für die Zeitdauer *duration*. Die Funktion kann früher zurückkehren, wenn ein Signal empfangen wird, das nicht ignoriert wird. Dann wird die verbleibende Zeit in dem Objekt gespeichert, auf das der Zeiger *remaining* verweist, sofern *remaining* kein Null-Zeiger ist. Die Zeiger *duration* und *remaining* dürfen auf dasselbe Objekt zeigen.

Die Funktion `thrd_sleep()` gibt `0` zurück, falls die Wartezeit abgelaufen ist, `-1`, falls eine Unterbrechung durch ein Signal auftrat, und einen anderen negativen Wert im Fehlerfall.

`thrd_t **thrd_yield**(void);`

Gibt einen Hinweis an den Scheduler des Systems, den aufrufenden Thread zugunsten eines anderen Threads zu unterbrechen.

`_Noreturn thrd_t **thrd_exit**(int res);`

Beendet den aufrufenden Thread mit dem Ergebniscode *res*. Der Aufruf ist äquivalent mit der Anweisung `return res;` in der Thread-Funktion.

Die Struktur `timespec`, die die Funktion `thrd_sleep()` verwendet, besitzt zwei Elemente für die Speicherung von Sekunden und Nanosekunden:

```
time_t tv_sec;      // Sekunden >= 0
long   tv_nsec;     // Nanosekunden >= 0 und <= 999999999
```

Im folgenden Beispiel blockiert der aufrufende Thread für mindestens eine Millisekunde, wenn kein Signal das Programm unterbricht:

```
struct timespec dauer = {0};
dauer.tv_nsec = 1000*1000L;      // 1000 * 1000 Nanosekunden =
thrd_sleep(&dauer,NULL);         // 1 Millisekunde schlafen.
```

Threads mit Mutex-Objekten synchronisieren

Die Threads eines Prozesses teilen sich die globalen, statischen und dynamischen Daten, da sie denselben Adressraum verwenden. Somit sind *konkurrierende Speicherzugriffe* (engl. *Data Races*) möglich. Ohne Synchronisation von Threads können diese schon bei einfachen Operationen zu inkonsistenten Daten führen. Das ist beispielsweise der Fall, wenn zwei verschiedene Threads eine globale Zählvariable `a` mit der Anweisung `++a` inkrementieren und ein Thread-Wechsel nach dem Lesen von `a` und vor dem Schreiben des neuen Werts stattfindet.

Zur Vermeidung der Inkonsistenz von gemeinsam genutzten Betriebsmitteln kann der Programmierer kritische Abschnitte festlegen, die maximal von einem Thread betreten werden. Ein kritischer Abschnitt wird durch einen *Mutex* (von *Mutual Exclusion*) geschützt. Während ein Thread im Besitz eines Mutex ist, werden andere Threads, die versuchen, in den Besitz des Mutex zu kommen, blockiert (*Exclusive Ownership*).

Ein Mutex wird durch ein Objekt vom Typ `mtx_t` repräsentiert. C stellt die folgenden Mutex-Funktionen bereit.

`int` **`mtx_init`**`(mtx_t *`*`mtx`*`, int` *`mutextype`*`);`

Erzeugt einen Mutex mit den durch *`mutextype`* festgelegten Eigenschaften, wobei *`mutextype`* einen der folgenden Werte haben kann:

`mtx_plain`

Ein einfacher Mutex ohne Unterstützung von Rekursion und Zeitlimits.

`mtx_timed`

Ein einfacher Mutex mit Unterstützung von Zeitlimits.

`mtx_plain | recursive`

Ein einfacher, rekursiver Mutex

`mtx_timed | recursive`

Ein rekursiver Mutex mit Unterstützung von Zeitlimits.

Falls kein Fehler auftrat, schreibt die Funktion die Kennung des neuen Mutex in das Objekt, auf das *`mtx`* zeigt, und gibt den Wert `thrd_success` zurück. Andernfalls ist der Return-Wert `thrd_error`.

`int` **`mtx_lock`**`(mtx_t *`*`mtx`*`);`

Blockiert den aufrufenden Thread, bis der Mutex, auf den *`mtx`* verweist, in Besitz genommen werden kann. Außer im Fall, dass der Mutex rekursiv ist, darf der aufrufende Thread den Mutex nicht bereits besitzen. Im Erfolgsfall ist der Return-Wert `thrd_success`, andernfalls `thrd_error`.

`int` **`mtx_timedlock`**`(mtx_t restrict *`*`mtx`*`,`
`const struct timespec *restrict` *`ts`*`);`

Blockiert wie `mtx_lock()` den aufrufenden Thread, bis der Mutex, auf den *`mtx`* verweist, in Besitz genommen werden kann, aber höchstens bis zum mit *`ts`* angegebenen Zeitpunkt. Der Mutex muss Zeitlimits unterstützen.

Der Zeitpunkt *`ts`* ist als koordinierte Weltzeit (engl. *Universal Time Coordinated*, kurz *UTC*) anzugeben. Die aktuelle Weltzeit kann mit dem Aufruf `timespec_get(&t, TIME_UTC);` ermittelt werden, wobei `t` eine Struktur vom Typ `timespec` ist. Diese Struktur wird hier im Anschluss an die Funktion `thrd_sleep()` beschrieben.

Im Erfolgsfall ist der Return-Wert `thrd_success`, beim Erreichen des Zeitlimits `thrd_timedout` und andernfalls `thrd_error`.

`int` **`mtx_trylock`**`(mtx_t *`*`mtx`*`);`

Versucht den Mutex, auf den *`mtx`* verweist, in Besitz zu nehmen, ohne den aufrufenden Thread zu blockieren. Der Return-Wert ist `thrd_success`, falls die Funktion erfolgreich ist, `thrd_busy`, falls der Mutex nicht in Besitz genommen werden kann, und `thrd_error`, falls ein Fehler auftrat.

`void` **`mtx_destroy`**`(mtx_t *`*`mtx`*`);`

Gibt alle Ressourcen frei, die der angegebene Mutex verwendet. Es dürfen keine Threads mehr darauf warten, den Mutex in Besitz zu nehmen.

Das folgende Beispiel zeigt die Definition eines kritischen Abschnitts.

Beispiel:

```
#include <threads.h>
// ...
mtx_t mtx;                      // Ein Mutex.
```

```
void f()                           // Eine Funktion, die von mehreren
                                   // Threads ausgeführt wird.
{   // ...
    mtx_lock(&mtx);                //
    // . . .                       // Kritischer Abschnitt.
    mtx_unlock( &mtx);             //
}

int main()
{
    // Mutex erzeugen und initialisieren:
    if( mtx_init( &mtx, mtx_plain) != thrd_success)
    {
        fputs("Fehler bei der Mutex-Initialisierung!\n", stderr);
        return -1;
    }
    //
    //  Threads starten, auf Beendigung warten.
    //
    mtx_destroy(&mtx);             // Ressourcen des Mutex freigeben.
    // . . .
}
```

Kommunikation von Threads

Zur Kommunikation zwischen Threads stehen *Bedingungsvariablen* zur Verfügung. In Verbindung mit einem Mutex kann damit ein Thread auf eine Nachricht von einem anderen Thread warten, bis eine bestimmte Bedingung erfüllt ist, beispielsweise auf die Nachricht, dass Daten zur Verarbeitung bereitstehen.

Für Bedingungsvariablen gibt es die folgenden sechs Funktionen, die alle das Präfix `cnd_` haben. Eine Bedingungsvariable wird durch ein Objekt vom Typ `cnd_t` repräsentiert.

`int` **`cnd_init`**`(cnd_t *`*`cond`*`);`

Erzeugt eine Bedingungsvariable und schreibt einen eindeutigen Bezeichner dafür in das Objekt, auf das *cond* verweist. Falls kein Fehler auftrat, gibt die Funktion den Wert `thrd_success` zurück. Andernfalls ist der Return-Wert `thrd_nomem`, falls nicht genug Speicher zur Verfügung steht, oder `thrd_error`, falls ein anderer Fehler auftrat.

`void` **`cnd_destroy`**`(cnd_t *`*`cond`*`);`
: Gibt alle Ressourcen frei, die die Bedingungsvariable verwendet. Es darf kein Thread mehr blockiert sein, weil er auf die Bedingungsvariable wartet.

`int` **`cnd_wait`**`(cnd_t *`*`cond`*`, mtx_t *`*`mtx`*`);`
: Blockiert den aufrufenden Thread, der den angegebenen Mutex besitzen muss, und gibt den Mutex frei. Wenn ein anderer Thread die Blockade durch einen Aufruf von `cnd_signal()` oder `cnd_broadcast()` aufhebt, nimmt der aufrufende Thread den Mutex wieder in Besitz, bevor `cnd_wait()` zurückkehrt. Im Erfolgsfall ist der Return-Wert `thrd_success`, andernfalls `thrd_error`.

`int` **`cnd_timedwait`**`(cnd_t *restrict `*`cond`*`, mtx_t *restrict `*`mtx`*`,`
`const struct timespec *restrict `*`ts`*`);`
: Blockiert wie `cnd_wait()` den aufrufenden Thread, aber höchstens bis zum mit *`ts`* angegebenen Zeitpunkt. Die aktuelle Zeit kann mit der Funktion `timespec_get()` ermittelt werden.

  Im Erfolgsfall ist der Return-Wert `thrd_success`, beim Erreichen des Zeitlimits `thrd_timedout` und andernfalls `thrd_error`.

`int` **`cnd_signal`**`(cnd_t *`*`cond`*`);`
: Weckt einen der Threads auf, die an der angegebenen Bedingungsvariablen warten. Wartet kein Thread, tut die Funktion nichts. In diesem Fall und falls keiner Fehler auftrat, ist der Return-Wert `thrd_success`, andernfalls `thrd_error`.

`int` **`cnd_broadcast`**`(cnd_t *`*`cond`*`);`
: Weckt alle Threads auf, die an der angegebenen Bedingungsvariablen blockiert sind. Im Erfolgsfall ist der Return-Wert `thrd_success`, andernfalls `thrd_error`.

Generell läuft die Kommunikation von Threads mit Bedingungsvariablen wie folgt ab: Ein Thread, der den zugehörigen Mutex in Besitz nehmen kann, prüft eine Bedingung. Ist die Bedingung nicht erfüllt, gibt der Thread den Mutex frei und wartet, bis er von einem anderen Thread aufgeweckt wird. Dann nimmt der Thread den Mutex wieder in Besitz und prüft erneut die Bedingung.

Angenommen, mehrere schreibende und lesende Threads greifen auf denselben Puffer zu, wie dies beim *Producer-Consumer-Problem* der Fall ist. Ein schreibender Thread (Produzent, engl. *Producer*) kann nur dann Daten in den Puffer einfügen, wenn noch Platz im Puffer ist. Dagegen muss ein lesender Thread (Konsument, engl. *Consumer*) eventuell warten, bis Daten im Puffer verfügbar sind. Dieses sogenannte Producer-Consumer-Problem ist durch die Kommunikation der Threads lösbar.

Das folgende Beispiel zeigt, wie ein Thread Daten in den Puffer schreiben kann: Dabei ist das Flag `isFull` gesetzt, wenn der Puffer voll ist. Ferner ist `mtx` ein Mutex, und `cndPut` sowie `cndGet` sind zwei Bedingungsvariablen, an denen schreibende bzw. lesende Threads warten können. Die entsprechenden `init`-Funktionen wurden vor dem Start der Threads erfolgreich ausgeführt.

Beispiel:

```
#include <threads.h>
// . . .
// Neue Daten in den Puffer einfügen:
   mtx_lock( &mtx);              // Mutex in Besitz nehmen.
   while(isFull)                 // Solange der Puffer voll ist,
      if( cnd_wait(&cndPut, &mtx) != thrd_success)  // warten.
         /* Fehlerbehandlung. */

   // Daten in den Puffer schreiben.

   mtx_unlock( &mtx);            // Mutex freigeben.
   cnd_signal( &cndGet);         // Einen lesenden Thread aufwecken.
```

Thread-lokale Objekte und Thread-spezifischer Speicher

Ein globales oder statisches Objekt ist *Thread-lokal*, wenn die Deklaration den Speicherklassenspezifizierer `_Thread_local` enthält.

Beispiel: `_Thread_local static int counter = 1;`

Jeder Thread besitzt dann seine eigene Instanz der Variablen `counter`, die beim Start des Threads erzeugt und initialisiert wird. Die Lebensdauer der Variablen ist die gesamte Laufzeit des Threads, in dem sie erzeugt wurde. Der Spezifizierer `_Thread_local` kann durch das Makro `thread_local` ersetzt werden.

Für Thread-lokale Objekte sind konkurrierende Speicherzugriffe ausgeschlossen. Enthält ein Ausdruck den Bezeichner eines Thread-lokalen Objekts, wird auf das Objekt in dem Thread Bezug genommen, der den Ausdruck auswertet.

Das Konzept der Thread-lokalen Objekte wird durch den sogenannten *Thread-spezifischen Speicher* (engl. *Thread Specific Storage*) verallgemeinert. Verschiedene Threads können hierbei auf eigene unterschiedlich große Speicherblöcke zugreifen, die durch einen gemeinsamen globalen Schlüssel referenziert werden. Die Blöcke können z.B. dynamisch reserviert und durch einen Destruktor wieder freigegeben werden.

Ein Schlüssel hat den Typ `tss_t` und identifiziert einen verallgemeinerten Zeiger, der auf Thread-spezifischen Speicher (kurz *TSS*) verweist. Die einzelnen Threads können dann diesen TSS-Zeiger auf ihren eigenen Thread-spezifischen Speicher zeigen lassen.

Jede der folgenden vier TSS-Funktion erhält als erstes Argument einen Schlüssel oder einen Zeiger auf einen Schlüssel.

`int` **`tss_create`**`(tss_t *`*`keyPtr`*`, tss_dtor_t `*`dtor`*`);`

Erzeugt einen neuen TSS-Zeiger und setzt den Schlüssel `*`*`keyPtr`* auf einen Wert, der den Zeiger eindeutig identifiziert. Mit dem zweiten Parameter *`dtor`* wird ein Destruktor vom Typ `tss_dtor_t` festgelegt. Dieser Typ ist als `void (*)(void*)` definiert, also als Zeiger auf eine Funktion, die einen typenlosen Zeiger als Argument erwartet und keinen Return-Wert besitzt. Der Destruktor wird automatisch mit einem Zeiger auf den TSS-Speicher aufgerufen, wenn der Thread endet. Wenn kein Destruktor benötigt wird, darf das Argument für *`dtor`* auch ein Null-Zeiger sein.

Im Erfolgsfall gibt die Funktion `thrd_success` zurück, andernfalls `thrd_error`.

`void` **`tss_delete`**`(tss_t `*`key`*`);`

Gibt die Ressourcen des TSS-Zeigers frei, den der Schlüssel *`key`* referenziert.

Beispiel:

```
tss_t key;                          // Globaler Schlüssel.
void destruct( void* memPtr)        // Destruktor.
{ free(memPtr; }

int main()
{
   // TSS-Schlüssel erzeugen:
   if( tss_create((&key, destruct) != thrd_success)
      return -1;

   // Threads erzeugen und auf Beendigung warten.
   // . . .

   tss_delete( key);    // Ressourcen wieder freigeben.
   return 0;
}
```

Zu einem TSS-Schlüssel kann in verschiedenen Threads ein Thread-spezifischer Speicher angelegt und verwendet werden.

`int` **`tss_set`**`(tss_t` *`key`*`, void *`*`mem`*`);`
: Setzt für den Thread, der diese Funktion aufruft, den durch *key* bezeichneten TSS-Zeiger auf den durch *mem* adressierten Speicher. Im Erfolgsfall ist der Return-Wert `thrd_success`, andernfalls `thrd_error`.

`Void *`**`tss_get`**`(tss_t` *`key`*`);`
: Gibt für den aufrufenden Thread den Zeiger auf den Thread-spezifischen Speicher zurück, der zum Schlüssel *key* zuvor mit der Funktion `tss_set()` gesetzt wurde. Im Fehlerfall ist der Return-Wert `NULL`.

Beispiel:

```
// In einer Thread-Funktion:
// Thread-spezifischen Speicher anlegen.
if( tss_set(key, malloc(MAX_SIZE)) != thrd_success)
    return -1;
// Hier oder in einer anderen Funktion, die der Thread
// aufruft, den Speicher verwenden:
Data_t *ptr = (Data_t*)tss_get(key);
if( ptr != NULL)
{  /* Daten vom Typ Data_t speichern und verarbeiten. */ }
```

Atomare Operationen

Charakteristisch für *atomare Operationen* ist, dass sie durch andere Threads nicht unterbrochen werden können. Während einer atomaren Operation sind also konkurrierende Speicherzugriffe durch mehrere Threads ausgeschlossen.

Seit C11 stehen für atomare Operationen sogenannte *atomare Typen* und dazugehörige Makros und Funktionen in der Header-Datei *stdatomic.h* zur Verfügung. Bei C11-konformen Implementierungen, die atomare Typen nicht unterstützen, ist die symbolische Konstante `__STDC_NO_ATOMICS__` auf `1` gesetzt.

Atomare Objekte

Ein Typ ist *atomar*, wenn er den Typqualifizierer `_Atomic` enthält. Ein Objekt mit einem atomaren Typ heißt auch *atomares Objekt*.

Beispiel: `_Atomic unsigned long cnt = ATOMIC_VAR_INIT(0UL);`

Hier wird die Variable `cnt` vom Typ `_Atomic unsigned long` deklariert und durch das Standardmakro `ATOMIC_VAR_INIT` mit dem Wert `0` initialisiert.

Für alle ganzzahligen Typen sind in der Header-Datei *stdatomics.h* Abkürzungen definiert, die den entsprechenden atomaren Typ spezifizieren. So sind beispielsweise die Typen `_Atomic unsigned long` und `atomic_ulong` äquivalent.

Außerdem kann auch die Syntax `_Atomic(`*`T`*`)` verwendet werden, um zu einem nicht atomaren Typ *`T`* den entsprechenden atomaren Typ zu spezifizieren. Vektortypen und Funktionstypen können nicht atomar sein. Größe und Ausrichtung eines atomaren Typs können sich von der Größe und Ausrichtung des entsprechenden nicht atomaren Typs unterscheiden.

Ohne Initialisierung haben atomare Objekte mit automatischer Lebensdauer anfänglich einen undefinierten Wert. Variablen mit statischer oder Thread-lokaler Lebensdauer werden standardmäßig mit `0` initialisiert. Die Initialisierung eines atomaren Objekts kann auch durch die generische Funktion atomic_init() erfolgen. So ist eine Variable limit vom Typ atomic_uint wie folgt initialisierbar:

Beispiel: `atomic_init (&limit, 1000u);`

Lock-free-Eigenschaft

Der Zugriff auf ein atomares Objekt kann lock- und unlock-Operationen erforderlich machen mit entsprechenden Zeitverzögerungen bei der Programmausführung. Ein atomares Objekt ist *lock-frei* (engl. *lock-free*) , wenn der atomare Zugriff ohne lock-Operationen möglich ist. Die Information, ob ein Objekt mit einem ganzzahligen atomaren Typ *A* lock-frei ist, liefert die folgende generische Funktion.

_Bool **atomic_is_lock_free**(volatile A **obj*);
: Liefert den Wert true, falls das atomare Objekt, auf das *obj* zeigt, lock-free ist, andernfalls den Wert false.

Ein atomarer Typ ist lock-frei, wenn Objekte dieses Typs lock-frei sind. Mit Makros, wie z.B. ATOMIC_LONG_LOCK_FREE oder ATOMIC_WCHAR_T_LOCK_FREE, kann auch in Präprozessordirektiven überprüft werden, ob ein ganzzahliger atomarer Typ lock-frei ist. Für Zeiger gibt es das Makro ATOMIC_POINTER_LOCK_FREE. Diese Makros liefern den Wert 0, 1 oder 2, je nachdem, ob Objekte mit dem entsprechenden atomaren Typ nie lock-frei, manchmal lock-frei (z.B. abhängig von der Ausrichtung des Objekts) oder immer lock-frei sind.

Der Typ atomic_flag ist eine Struktur, die die zwei Zustände »set« und »clear« darstellen kann. Im Gegensatz zu anderen atomaren Typen ist garantiert, dass Objekte vom Typ atomic_flag immer lock-frei sind.

Beispiel: `atomic_flag lock = ATOMIC_FLAG_INIT;`

Hier wird eine Variable lock vom Typ atomic_flag definiert und mit dem Makro ATOMIC_FLAG_INIT im Zustand »clear« (= false) initialisiert. Ohne Initialisierung durch das Makro ist der Zustand der Variablen lock undefiniert.

Für die üblichen Flag-Operationen stehen folgende Funktionen bereit:

`void` **`atomic_flag_clear`**`(volatile atomic_flag *`*`obj`*`);`
: Löscht das atomare Flag, auf das *`obj`* zeigt.

`_Bool` **`atomic_flag_test_and_set`**`(volatile atomic_flag *`*`obj`*`);`
: Setzt das Flag, auf das *`obj`* zeigt, auf `true` und gibt den Wert unmittelbar vor der Operation zurück.

Beispiel:

```
// Ein Spin-Lock mit dem oben definierten Flag lock.
// lock == true zeigt den Zustand »gesperrt« an.
while( atomic_flag_test_and_set(&lock))  // Warten, bis das
    ;                                    // Flag gelöscht ist,
                                         // und dann das
                                         // Flag setzen.
// . . .                                 // Kritischer Abschnitt.
atomic_flag_clear(&lock);                // Lock freigeben.
```

Operationen für atomare Objekte

Das Lesen oder Schreiben eines atomaren Objekts stellt eine atomare Operation dar. Für jedes atomare Objekt ist eine sogenannte *Modifikationsreihenfolge* (engl. *Modification Order*) definiert, in der die Änderungen am Objekt durchgeführt werden,

Typischerweise sind auch sogenannte *Lesen-Ändern-Schreiben*-Operationen (engl. *Read-modify-write Operations*) atomar. So ist garantiert, dass das Inkrementieren und Dekrementieren atomarer Objekte mit den Operatoren `++` oder `-` korrekt erfolgt. Auch zusammengesetzte Zuweisungen, wie `+=` und `&=`, werden atomar ausgeführt, wenn der linke Operand einen atomaren Typ hat.

Hingegen ist die Initialisierung eines atomaren Objekts sowohl mit dem Makro `ATOMIC_VAR_INIT` als auch mit der Funktion `atomic_init()` keine atomare Operation.

Neben den bereits genannten Operatoren sind in der Header-Datei *stdatomics.h* eine Reihe von Funktionen deklariert, die atomare

Operationen ausführen, wie beispielsweise `atomic_exchange()`. Diese sogenannten *generischen Funktionen* sind gewöhnlich als Makro implementiert und können insbesondere für alle atomaren Typen aufgerufen werden, die in *stdatomic.h* definiert sind.

In den folgenden Prototypen ist *A* ein atomarer Typ und *C* der entsprechende nicht atomare Typ.

`C` **`atomic_load`**`(volatile A *`*`obj`*`);`
: Liefert den Wert des atomaren Objekts, auf das *obj* zeigt.

`void` **`atomic_store`**`(volatile A *`*`obj`*`, C` *`desired`*`);`
: Schreibt den Wert *desired* in das atomare Objekt, auf das *obj* zeigt.

`C` **`atomic_exchange`**`(volatile A *`*`obj`*`, C` *`desired`*`);`
: Schreibt den neuen Wert *desired* in das atomare Objekt, auf das *obj* zeigt, und gibt den zuvor gespeicherten Wert zurück.

`_Bool` **`atomic_compare_exchange_strong`**`(volatile A *`*`obj`*`,`
`C *`*`expected`*`, C` *`desired`*`);`
: Vergleicht zunächst den Wert des atomaren Objekts, auf das *obj* zeigt, mit dem Wert des Objekts, auf das *expected* zeigt. Bei Gleichheit wird der Wert *desired* in das atomare Objekt geschrieben und `true` zurückgegeben. Bei Ungleichheit wird der Wert des atomaren Objekts nach **exspected* kopiert und `false` zurückgegeben.

`_Bool` **`atomic_compare_exchange_weak`**`(volatile A *`*`obj`*`,`
`C *`*`expected`*`, C` *`desired`*`);`
: Führt wie die strong-Version der Funktion die »Compare-and-exchange«-Operation aus mit dem Unterschied, dass die weak-Version auch bei Gleichheit fehlschlagen kann, d.h. so operiert, als wenn Ungleichheit vorliegt. Daher ist diese Funktion stets in einer Schleife aufzurufen. Die weak-Version ermöglicht gegenüber der strong-Version auf einigen Computern eine effektivere Implementierung.

```
C atomic_fetch_add(volatile A *obj, M operand);
C atomic_fetch_sub(volatile A *obj, M operand);
C atomic_fetch_or (volatile A *obj, M operand);
C atomic_fetch_xor(volatile A *obj, M operand);
C atomic_fetch_and(volatile A *obj, M operand);
```

Ersetzen den Wert des atomaren Objekts, auf das *obj* zeigt, mit dem Ergebnis der Operation `*obj op operand`, wobei `op` die im Funktionsnamen festgelegte arithmetische oder bitweise Operation ist. Beispielsweise addiert die Funktion `atomic_fetch_add()` zum atomaren Objekt den Wert *operand* hinzu. Im Unterschied zu den entsprechenden zusammengesetzten Zuweisungen `op=` geben die `atomic_fetch`-Funktionen den ursprünglichen Wert des atomaren Objekts zurück, nicht den neuen Wert nach der Operation.

Das atomare Objekt darf, mit Ausnahme des Typs `atomic_bool`, einen beliebigen ganzzahligen atomaren Typ *A* haben. Der Typ *M* des Operanden ist der Typ `ptrdiff_t`, falls *A* ein atomarer Zeigertyp ist, andernfalls ist *M* gleich *C*, also der dem Typ *A* entsprechende nicht atomare Typ.

Reihenfolge von Speicheroperationen

Compiler und Prozessoren dürfen zur Optimierung die Reihenfolge von Instruktionen umordnen, wenn keine Abhängigkeiten bestehen. Beispielsweise ist es zulässig, Zuweisungen wie `i = 0; limit = 100;` in beliebiger Reihenfolge auszuführen. Das kann aber in einer Multithreading-Umgebung zu Fehlern führen.

Für atomare Objekte werden solche Umordnungen standardmäßig verhindert, was Performanz kosten kann. Erfahrene Programmierer können atomare Operationen mit einer geringeren Anforderung an die Speicheranordnung aufrufen. Zu diesem Zweck gibt es zu jeder Funktion, die eine atomare Operation durchführt, wie beispielsweise `atomic_store()`, eine Version mit einem zusätzlichen Parameter vom Typ `memory_order`. Diese Funktionen haben die Namensendung `_explicit`, also beispielsweise `atomic_store_explicit()`.

Beispiel: `atomic_store_explicit(&var, 123, memory_order_relaxed);`

Hier erfolgt die Zuweisung an die Variable `var` vom Typ `atomic_int` ohne Anforderung an die Speicheranordnung.

Der Typ `memory_order` ist eine Aufzählung, die folgende Konstanten definiert.

`memory_order_relaxed`
: Keine Anforderung an die Speicheranordnung.

`memory_order_release`
: Ein Schreibzugriff auf ein atomares Objekt `A` führt eine *Release-Operation* (dt. *Freigabeoperation*) aus. Das bewirkt, dass alle vorhergehenden Speicheroperationen im selben Thread für einen anderen Thread sichtbar sind, wenn dieser eine Acquire-Operation auf `A` durchführt.

`memory_order_acquire`
: Eine Leseoperation auf einem atomaren Objekt führt eine *Acquire-Operation* (dt. *Belegoperation*) aus. Das garantiert, dass nachfolgende Speicheroperationen nicht vor diesem Aufruf umgeordnet werden.

`memory_order_consume`
: Eine *Consume-Operation* (dt. *Verbrauchsoperation*) ist weniger restriktiv als eine Acquire-Operation: Sie betrifft nur nachfolgende Speicheroperationen, die direkt vom gelesenen atomaren Wert abhängen.

`memory_order_acq_rel`
: Führt eine Acquire- und eine Release-Operation durch.

`memory_order_seq_cst`
: Die Anforderung *Sequential Consistency* (dt. *sequenzielle Konsistenz*) umfasst `memory_order_acq_rel`. Zusätzlich ist eine absolute Reihenfolge für alle so qualifizierten Operationen definiert, die im Einklang mit der Modifikationsreihenfolge der beteiligten atomaren Objekte steht. `memory_order_seq_cst` ist die Voreinstellung für atomare Operationen, die keine schwächeren Vorgaben machen.

Bei den `explicit`-Funktionen sind in der Regel nur bestimmte Konstanten als Argument für die Speicheranordnung möglich. So kann z.B. bei der Funktion `atomic_store_explicit()` als Speicheranordnung lediglich eine der Konstanten `memory_order_relaxed`, `memory_order_release` oder `memory_order_seq_cst` angegeben werden.

Speicherbarrieren

Anforderungen an die Speicheranordnung können auch getrennt von einer atomaren Operation in Form einer *Speicherbarriere* (engl. *Memory Fence*) festgelegt werden. Fences werden mit folgender Funktion erstellt und erlauben eine noch weitergehende Optimierung der Speicherordnung.

`void` **`atomic_thread_fence`**`(memory_order` *`order`*`);`

Erstellt eine Speicherbarriere für dic Synchronisation von Lese-/Schreibzugriffen auf Objekte, die von mehreren Threads gemeinsam benutzt werden.

Das Ergebnis ist ein *Release-Fence*, wenn das Argument `memory_order_release` ist, und ein *Acquire-Fence*, wenn das Argument `memory_order_acquire` oder `memory_order_consume` ist. Mit dem Argument `memory_order_acq_rel` oder `memory_order_seq_cst` wird ein Release- und Acquire-Fence definiert. Bei einem Aufruf mit `memory_order_relaxed` hat die Funktion keinen Effekt.

Das grundlegende Muster für die Synchronisation zwischen Threads mittels Fences ist folgendes:

Thread_1

- Führt eine Operation A aus,
- erstellt ein Release-Fence,
- schreibt in eine atomare Variable *`M`* ohne Anforderung an die Speicheranordnung.

Thread_2

- Liest die atomare Variable *`M`* ohne Anforderung an die Speicheranordnung,
- erstellt ein Acquire-Fence,
- führt eine Operation B aus.

Falls dann Thread_1 in die atomare Variable `M` schreibt, bevor Thread_2 den Wert von `M` liest, ist garantiert, dass Operation A abgeschlossen ist, bevor Operation B ausgeführt wird. Damit ist also eine sogenannte *Happens-before-Relation* (dt. *Geschieht-zuvor-Relation*) implementiert.

Fences können auch für die Synchronisation von Operationen zwischen einem Thread und einem Signal-Handler verwendet werden.

`void` **`atomic_signal_fence`**`(memory_order` *`order`*`);`
: Erstellt wie die Funktion `atomic_thread_fence()` eine Speicherbarriere. Die damit festgelegte Anforderung an die Synchronisation von Lese-/Schreiboperationen gilt aber nur zwischen einem Thread und einem Signal-Handler, der in diesem Thread ausgeführt wird.

Hinweis: Atomare Objekte, die in einem Signal-Handler verwendet werden, müssen lock-free sein.

Internationalisierung

Der C-Standard unterstützt die Entwicklung von C-Programmen, die lokale, länderspezifische Besonderheiten berücksichtigen, wie z. B. die Formatierung von Geldbeträgen. Dazu bietet die Standardbibliothek zwei Funktionen, den Typ `lconv` und Makros, die in der Header-Datei *locale.h* deklariert sind.

Jedes Programm startet mit der Standardumgebung »C« (also ohne Berücksichtigung lokaler Aspekte). Zur Laufzeit des Programms kann dann die lokale Umgebung geändert bzw. abgefragt werden. Es ist möglich, nur bestimmte lokale Aspekte zu berücksichtigen, die zu dem Zweck in folgende Kategorien eingeteilt sind:

Tabelle 42: Lokalisierungskategorien der Umgebung

Kategorie	Die betroffenen Teile bzw. Funktionen im Programm
`LC_ALL`	alle lokalen Aspekte, d. h. jede der folgenden Kategorien
`LC_COLLATE`	nur die Funktionen `strcoll()` und `strxfrm()`

Tabelle 42: Lokalisierungskategorien der Umgebung (Fortsetzung)

Kategorie	Die betroffenen Teile bzw. Funktionen im Programm
`LC_CTYPE`	Funktionen für die Zeichenbehandlung (z. B. `isalpha()`) und die Multibyte-Funktionen
`LC_MONETARY`	die Formatierungsinformationen für die Darstellung von Geldbeträgen, die `localeconv()` zurückgibt
`LC_NUMERIC`	das Zeichen für den Dezimalpunkt bei Ein-/Ausgaben und bei String-Konvertierungen sowie die Formatierung nicht-monetärer Zahleninfos durch `localeconv()`
`LC_TIME`	Formatierung von Datum und Zeit durch `strftime()`

Die folgende Funktion erlaubt die Anpassung an lokale Besonderheiten, wie z. B. das Währungssymbol oder das Zeichen für den Dezimalpunkt:

`char *`**`setlocale`**`(int` *`categorie`*`, const char *`*`name`*`);`

categorie ist eine der obigen ganzzahligen Konstanten, *name* ist ein String, der die lokale Umgebung für die im ersten Argument angegebene Kategorie festlegt.

Für *name* sind mindestens folgende Strings möglich:

- `"C"`: Es werden keine lokalen Aspekte berücksichtigt.
- `""`: Einstellung, die dem Einsatzgebiet des Compilers entspricht.
- `NULL`: `setlocale()` liefert den aktuellen lokalen Namen, ohne die lokale Umgebung zu ändern. Dieser Name kann später an `setlocale()` übergeben werden, um eine erfolgte Änderung rückgängig zu machen.

Die Standardfunktionen für folgende Aufgaben berücksichtigen die aktuell gesetzte lokale Umgebung: formatierte Ein-/Ausgabe, Zeichenklassifizierung/-umwandlung, Verarbeitung von Multibyte-Zeichen, Multibyte-Strings sowie Konvertierung von Strings in numerische Werte.

Mit der nachfolgenden Funktion erhält man Informationen zur Formatierung von numerischen Werten (z. B. Dezimalpunkt oder Währungssymbol):

struct lconv* **localeconv**(void);

Füllt eine Struktur vom Typ struct lconv mit Werten gemäß der aktuell gültigen Umgebung. Diese Struktur enthält mindestens die Elemente, die in der folgenden Definition angegeben sind (mit Beispielwerten für die Schweiz):

```
struct lconv{
  //  Die Informationen für nicht-monetäre Werte:
  char *decimal_point;    // Zeichen für den
                          // Dezimalpunkt, z. B. "."
  char *thousands_sep;    // Trennzeichen für  Gruppen von
                          // Ziffern links vom Dezimal-
                          // punkt, z. B. ","
  char *grouping;         // Größe jeder Gruppe von
                          // Ziffern, z. B. "\3"
  //  Die Informationen für monetäre Werte:
  char *int_curr_symbol; // Internationales Symbol für
                          // lokale Währung (3 Zeichen gemäß
                          // ISO 4217 und ein Trenn-
                          // zeichen), z. B. "CHF "
  char *currency_symbol; // Das lokale Währungs-
                          // symbol, z. B. "SFrs."
  char *mon_decimal_point; // Zeichen für Dezimalpunkt bei
                            // Geldbeträgen, z. B. "."
  char *mon_thousands_sep; // Trennzeichen für Gruppen von
                            // Ziffern links vom Dezimal-
                            // punkt, z. B. "."
  char *mon_grouping;     // Größe jeder Gruppe
                          // von Ziffern, z. B. "\3"
  char *positive_sign;    // Symbol für positive
                          // Geldbeträge, z. B. ""
  char *negative_sign;    // Symbol für negative
                          // Geldbeträge, z. B. "C"
  char int_frac_digits;   // Anzahl Ziffern nach Dezimalpunkt
                          // im internationalen Format,
                          // z. B. 2
  char frac_digits;       // Anzahl Ziffern nach Dezimalpunkt
                          // im lokalen Format, z. B. 2
  char p_cs_precedes;     // Für nicht-negative Beträge:
                          // 1 = Währungssymbol steht
                          // vor, 0 = nach dem Betrag, z. B. 1
  char p_sep_by_space;    // Für nicht-negative Beträge:
                          // 1 = Leerzeichen, 0 = kein
                          // Leerzeichen zwischen Währungs-
                          // symbol und Betrag, z. B. 0
```

```
    char n_cs_precedes;        // Für negative Beträge:
                               // 1 = Währungssymbol steht vor,
                               // 0 = nach dem Betrag, z. B. 1
    char n_sep_by_space;       // Für negative Beträge:
                               // 1 = Leerzeichen, 0 = kein
                               // Leerzeichen zwischen Währungs-
                               // symbol und Betrag, z. B. 0
    char p_sign_posn;          // Position von positive_sign,
                               // z. B. 1
    char n_sign_posn;          // Position von negative_sign,
                               // z. B. 2
    char int_p_cs_precedes;    // Formatierungsangaben für das
    char int_p_sep_by_space;   // internationale Format. Die
    char int_n_cs_precedes;    // Bedeutung der Elemente ent-
    char int_sep_by_space;     // spricht der für das lokale
    char int_p_sign_posn;      // Format, also der Elemente
    char int_n_sign_posn;      // ohne das Präfix int_. Für die
                               // Schweiz sind die Werte iden-
                               // tisch mit denen für das lokale
                               // Format.
};
```

Die Werte von p_sign_posn und n_sign_posn legen fest, ob Klammern um den Wert mit dem Währungssymbol gesetzt werden (0) oder ob der Vorzeichenstring vor (1) bzw. nach (2) dem Wert und dem Währungssymbol steht oder ob der Vorzeichenstring unmittelbar vor (3) bzw. nach (4) dem Währungssymbol steht.

Der Wert von "\3" in den Strings grouping und mon_grouping bedeutet, dass jede Gruppe aus drei Ziffern besteht, z. B. 1, 234, 567. 89.

Funktionen mit Bereichsüberprüfung

Viele traditionelle Funktionen der C-Standardbibliothek kopieren Zeichenfolgen in Vektoren, die der Programmierer bereitstellen muss. Diese Funktionen erhalten als Argumente nur die Anfangsadressen der Vektoren und können so nicht überprüfen, ob der jeweilige Zielvektor groß genug ist, um das Ergebnis zu speichern. Es liegt allein in der Verantwortung des Programmierers, dass nicht Daten überschrieben werden, die dem Vektor folgen. Das stellt eine erhebliche Gefährdung der Sicherheit eines Programms dar und kann zu dessen Absturz führen.

Zur Lösung dieses Problems hat C11 in Anhang K, »Boundschecking interfaces«, zahlreiche neue Funktionen eingeführt, die eine sicherere Alternative zu den traditionellen Funktionen darstellen. Diese alternativen Funktionen, auch *secure-Funktionen* genannt, erhalten als Argument zusätzlich die Größe eines Zielvektors, sodass sie vor dem Schreiben in den Vektor eine Bereichsüberprüfung vornehmen können. Die Namen der secure-Funktionen enden mit dem Suffix `_s` (s für *secure*), wie beispielsweise `strcpy_s()`. Im Gegensatz zur traditionellen Funktion `strcpy()` kopiert die Funktion `strcpy_s()` einen String nur dann, wenn der Zielvektor groß genug ist.

Verfügbarkeit

Die Unterstützung der secure-Funktionen mit Bereichsüberprüfung ist optional. Nur wenn eine C11-Implementierung das Makro `__STDC_LIB_EXT1__` definiert, stehen die neuen Funktionen zur Verfügung.

Die Funktionsdeklarationen und die zugehörigen Typ- und Makrodefinitionen sind in den entsprechenden traditionellen Header-Dateien integriert. Beispielsweise enthält *stdio.h* die Deklaration der Funktion `scanf_s()` und die Header-Datei *sting.h* die Deklaration von `strcpy_s()`. Die Deklarationen der sicheren Funktionen sind aber nur dann sichtbar, wenn der Programmierer vor dem Inkludieren der entsprechenden Header-Datei das Makro `__STDC_WANT_LIB_EXT1__` als `1` definiert.

Beispiel:

```
#define  __STDC_WANT_LIB_EXT1__  1
#include <string.h>
```

Wird dieses Makro als `0` definiert, stehen dem Programm die secure-Funktion nicht zur Verfügung. In diesem Fall gibt es aber keine Namenskonflikte mit den Namen selbst definierter Funktionen oder mit Namen von Funktionen einer anderen Bibliothek, die das Programm verwendet. Ist das Makro `__STDC_WANT_LIB_EXT1__` vor dem Inkludieren einer Header-Datei nicht definiert, hängt es vom Compiler ab, ob die entsprechenden secure-Funktionen zur Verfügung stehen oder nicht.

Überprüfungen zur Laufzeit

Die Parameter einer secure-Funktion, die die Größe eines Vektors darstellen, haben den Typ `rsize_t`. Dieser ist in der Header-Datei *stddef.h* als `size_t` definiert. Seine besondere Bedeutung erhält dieser Typ dadurch, dass die zulässigen Werte für Variablen dieses Typs durch den Wert des Makros `RSIZE_MAX` nach oben beschränkt sind. Eine Längenangabe, die größer als `RSIZE_MAX` ist, verursacht einen Fehler bei der Bereichsüberprüfung. Dadurch werden Fehler entdeckt, die durch die Konvertierung negativer Zahlen in vorzeichenlose Zahlen entstehen, da solche Konvertierungen große positive Zahl ergeben.

Neben Bereichsüberprüfungen führen die secure-Funktionen weitere Überprüfungen durch. Beispielsweise wird überprüft, ob Zeiger, die als Argument übergeben werden, ungleich null sind. Alle Bedingungen, die bei der Ausführung einer Funktion erfüllt sein müssen, werden *Laufzeiteinschränkungen* (engl. *Runtime Constraints*) der Funktion genannt.

Tritt eine Verletzung der Laufzeiteinschränkungen auf, bleiben die Zielobjekte unverändert, und die secure-Funktion ruft einen sogenannten *Runtime-Constraint-Handler* auf. Der Handler kann mit einem Aufruf der Funktion `abort()` das Programm abbrechen oder auch direkt zur aufrufenden secure-Funktion zurückkehren.

Der Return-Wert einer secure-Funktion zeigt an, ob ein Fehler aufgetreten ist. Viele secure-Funktionen besitzen einen Return-Wert vom Typ `errno_t`, einem Typ, der in der Header-Datei *errno.h* als `int` definiert ist. Im Erfolgsfall liefert dann eine secure-Funktion den Wert `0` und im Fehlerfall einen von `0` verschiedenen Wert, sofern das Programm nicht durch den Runtime-Constraint-Handler beendet wurde.

Funktion zur Fehlerbehandlung festlegen

Es ist möglich, den standardmäßig gesetzten Runtime-Constraint-Handler mithilfe der Funktion `set_constraint-handler_s()` durch einen anderen Standard-Handler oder durch einen selbst definierten Handler zu ersetzen. Die zugehörigen Deklarationen befinden sich in der Header-Datei *stdlib.h*.

```
constraint_handler_t set_constraint_handler_s(
                                constraint_handler_t handler);
```

Installiert die Funktion *handler* als Behandlungsroutine für Verletzungen von Laufzeiteinschränkungen. Dadurch wird die Funktion *handler* von einer secure-Funktion (einer Bibliotheksfunktion mit der Namensendung _s) aufgerufen, wenn bei ihrer Ausführung ein Fehler auftritt. Die Funktion set_constraint_handler_s() gibt einen Zeiger auf den zuvor registrierten Handler zurück.

Der Typ constraint_handler_t des Funktionszeigers *handler* ist wie folgt definiert:

```
typedef void (*constraint_handler_t)(
                const char* restrict msg,
                void* restrict ptr,
                errno_t error);
```

Der registrierte Handler wird mit folgenden Argumenten aufgerufen:

1. Ein String, der den Fehler beschreibt.
2. Ein Null-Zeiger oder ein Zeiger auf ein von der Implementierung definiertes Objekt.
3. Der Rückgabewert der secure-Funktion, in der der Fehler auftrat, wenn die Funktion den Rückgabetyp error_t hat. Andernfalls ein unbestimmter positiver Wert.

Die Standardbibliothek stellt bereits zwei einfache Handler zur Verfügung, die als Argument an set_constraint_handler_s() übergeben werden können:

```
void abort_handler_s( const char* restrict msg,
                      void* restrict ptr, errno_t error);
```

Gibt eine Meldung auf stderr aus, die den übergebenen String *msg* enthält, und beendet das Programm mit einem Aufruf der Funktion abort().

```
void ignore_handler_s( const char* restrict msg,
                       void* restrict ptr, errno_t error);
```

Kehrt ohne eine Aktion zur aufrufenden secure-Funktion zurück. Diese zeigt mit dem Return-Wert an, dass ein Fehler auftrat.

Einer dieser Handler wird gewöhnlich als Default-Handler verwendet. Eine C11-Implementierung kann aber auch einen anderen Default-Handler definieren. Um den Default-Handler wieder einzusetzen, kann die Funktion `set_constraint_handler_s()` mit einem Null-Zeiger als Argument aufgerufen werden.

Index